國文教學與數位學習

——以科大通識　課程為例

錢　昭　萍　等著

文史哲出版社印行

國家圖書館出版品預行編目資料

國文教學與數位學習：以科大通識　課程為例
錢昭萍著.-- 初版 -- 臺北市：文史哲，
民 107.08
　頁；　公分
ISBN 978-986-314-431-1（平裝）

1.國文科　2.通識教育　3.數位學習　4.高等
教育

820.33　　　　　　　　　　　　　107013624

國文教學與數位學習
——以科大通識　課程為例

著　　　者：錢　　昭　　萍　　等
出 版 者：文　史　哲　出　版　社
　　　　　http://www.lapen.com.tw
　　　　　e-mail：lapen@ms74.hinet.net
登記證字號：行政院新聞局版臺業字五三三七號
發 行 人：彭　　　正　　　雄
發 行 所：文　史　哲　出　版　社
印 刷 者：文　史　哲　出　版　社
　　　　　臺北市羅斯福路一段七十二巷四號
　　　　　郵政劃撥帳號：一六一八〇一七五
　　　　　電話886-2-23511028 · 傳真886-2-23965656

定價新臺幣三〇〇元

二 〇 一 八（民 107）八 月 初 版

自　序

　　「數位學習」在資訊融入教學的時下教學現場,已是一項不容忽視的教學方式,它上承教育部「資訊科技融入教學」的政策,下開符合學生「視覺化學習」的需求。它可將抽象的理念具體呈現,亦可將抽象的文字具象表達,讓學生的學習簡易化、趣味化,亦可將教師的教學生動化、活潑化。因此,在學習的各階段、各學制、各領域、各科目的教學上,數位學習都成為不可或缺的教學方法。故數位學習在教育方面,應用廣泛。

　　然而在國文教學的領域,數位學習似乎還停留在以 PPT 呈現簡易教學大綱,或播放一點照片、圖片、短片的階段。若以自製符合課程內容的動畫或繪本配合教學,則因製作困難而極為罕見。研究者素來對圖像藝術有著特殊興趣,且恰有機緣教授數媒系、視傳系等與圖像藝術相關的科系,故能利用課餘時間,帶領學生們繪製動畫或繪本。至於詩境、畫境相互詮釋的教學 PPT,則由於國立台北藝術大學趙宇修教授熱心繪製符合詩境的傳統水墨畫,而得以讓研究者有機會製作唯美的詩畫簡報,用之於教學。故動畫、繪本和詩畫 PPT,再加上符合時代潮流的網際網路資源,即成為研究者以圖像藝術詮釋文學之美的輔助教具。

　　近年來,研究者以動畫、繪本、詩畫 PPT 和網路資源,融入大一國文和國文類通識課程,並以實驗教學和學期課程的問卷與測驗,蒐集學生們對教學與學習的反應。在嶺東科技大學前資網系主任黃國豪教授的鼓勵和指導之下,及統計學老師梁麗珍教授以統計數據支持論文寫作;歷經兩年半的投稿、修訂過程,終於可以將陸續發表的四篇論文,集結成冊。在即將付梓

之際，回首過往的艱辛歷程，內心升起滿滿的感激之忱，故此向曾經提攜、協助過的長官及研究夥伴們深深致意，並向匿名審查的委員教授們深致謝忱。希望這本名為《國文教學與數位學習》的小書，能為國文數位教學與學習，提供值得參考的資訊。

　　本書分為四章，是已發表的四篇論文，因其內容具相關性，故依內容之次第編排而成。原論文每篇題目都很長，與一般書籍簡短扼要的章節名稱不符，故將原論文的題目簡化，以符合書籍章節名稱的慣例。四章標題如下：

第一章　實驗教學—圖像式媒體融入國文課程的成效
第二章　國文教學—多元教學對學生學習國文的影響
第三章　通識教學—動畫與繪本融入國文類課程的成效
第四章　因材施教—認知風格和多元智能對國文數位學習的影響

　　以上四章（四篇論文）皆是第一作者的原創作品，並請統計學梁麗珍老師幫忙跑統計。其中第一章（第一篇論文）於寫作之初，因曾請黃國豪主任指導研究設計，並曾請李琛瑜老師為諮詢顧問，故將兩位列入第一章的作者群之列；並將當時的研究助理王羽萱同學之名列上，以感謝她整理問卷資料的辛苦。第二、三、四章，則由第一作者獨力設計、整理資料、書寫完成，並由梁麗珍老師幫忙跑統計。非常感激曾經為這本小書貢獻心力的所有成員，並期望這本小書，能為國文數位學習的推廣，提供一點微薄的心力。

錢昭萍　謹識於嶺東科技大學
2018.7.12

目　　錄

第一章 實驗教學

──圖像式媒體融入國文課程的成效

摘　要

　　本研究以前後測設計的準實驗法，檢視圖像式媒體融入國文教學對學習的影響。實驗對象為台灣中部某科技大學藝術設計與非藝術設計共四班大一新生，分別以多媒體動畫或數位繪本融入課程，讓學生們學習五篇六朝志怪小說，課前課後各填寫一份問卷與測驗，而得到 201 份有效樣本。問卷分析結果顯示：實驗教學明顯提升了非藝術領域的學習動機，藝術領域則影響有限；非藝術領域的學習動機明顯高於藝術領域；藝術領域的認知負荷明顯高於非藝術領域；動畫教學的認知負荷高於繪本教學。測驗分析結果顯示：實驗教學明顯提升了學生們的學習成效；藝術領域不同教學方式對學習成效無顯著差異；非藝術領域繪本教學的學習成效明顯優於動畫教學。由於藝術領域的學習表現方式往往與教育科技學者在發展多媒體教材考量的重點不同，故學生本質之差異，是課程設計應當關注的一大問題。

關鍵字：多媒體動畫、科技大學生、國文教學、圖像式媒體、數位繪本

Chapter One: Experimental teaching-
Effects of Integrating Image-based Media into Chinese Courses

Abstract

A quasi-experiment is used in this study to investigate the impact of Chinese teaching integrated with image media on students' learning.　The experimental subjects are four classes of freshmen whose majors are art design and non-art design in a technology university in the middle of Taiwan.　They learn five chapters of mysterious stories in six dynasties by two kinds of media presentation (multimedia animation & digital painting) respectively.　The subjects need to fill out a questionnaire and take a test before and after learning.　There were a total of 201 effective samples obtained in the experiment.　The results of questionnaire analysis indicate that the experimental teaching methods significantly improve the learning motivation of non-art design subjects, while there is limited influence on that of art design subjects.　The learning motivation of non-art design subjects is apparently higher than that of art design subjects. The cognitive load of art design subjects is higher than that of non-art subjects. Furthermore, the cognitive of media animation is higher than that of digital painting.　According to the analysis of pre- and post- tests, the experimental teaching methods significantly enhance the subjects' learning effectiveness. Different teaching methods of art design subjects have little significant differences on the learning effectiveness. However, digital painting has better effects than multimedia animation on learning effectiveness of non-art design subjects. The learning performance of art design subjects totally reverses the results of related literature and studies to the impact of multimedia combination on the learning effectiveness. Hence, the difference of students' nature while teaching should be a great concern worthy of attention.

Keywords: multimedia animation, technology university, Chinese teaching, image media, digital painting

第一節、前言

一、研究動機與目的——探討國文數位教學的學習效果

　　傳統教學最普通而常見的教學方式，是講述並配合板書的方式：老師依據教材解釋文義，學生埋頭抄寫筆記。課堂的傳述與課後的複習，固可幫學生打好學識基礎；但隨著 e 化時代的來臨，教學也注入了許多資訊科技的新方法，例如 PowerPoint 教材的製作、多媒體教學網站的建置，動畫、影片、電子書、電子白板等輔助教材、教具的導入，整合了文字、圖像與聲音，使教學充滿影音聲光的魅力，而呈現多元、生動且富趣味性的情境。然而大學國文的教學卻未能跟上時代的腳步，多依然停留在傳統講述的方式。根據王靖婷（2009）的研究，大學國文教法的僵化呆板，是課程為人詬病的原因之一；陳忠信（2004）亦認為，在網路資訊膨脹的時代，學生慣於接收圖像式及多媒體式的新資訊，使他們對以抽象文字表達情意的國文課程教學內容，缺乏興趣而程度普遍低落。研究者深有同感，早在 1994 年起，即帶領資管系學生，從事「詩詞欣賞與文物典藏」的教學網站之建置；2010 年起，更帶領數媒系與視傳系學生，展開古典小說多媒體動畫與數位繪本的製作。這一方面可因應學生們的專業學習與技能，作為國文類必修或選修課程多元評量的嘗試，並開闢一個課餘培養師生專業素養及共同成長的舞台；另一方面亦可以國文教學媒體的製作，累積個人數位化教學的能量。然而數位繪本是以靜態圖像與字幕或旁白展現故事情節，多媒體動畫則是以動態圖像與字幕、音樂、旁白導入故事情境；二者的媒體組合形式與資訊呈現方式不同。根據 Sweller（2004, 2010）教學設計與學習效應、認知負荷與學習成效等研究，及 Mayer（2009）多媒體教材設計原則的學說：文字與圖像加旁白或字幕，會產生不同的學習效應而影響學習效果。而多媒體動畫與數位繪本此二

種不同的圖像式媒體融入國文教學，對科技大學生的認知與情意影響如何？實徵效果的意義又如何？這是一個值得探究的問題，也成為研究者探討數位媒體如何影響學習的研究動機。

台灣技職體系的大學，近十年來如雨後春筍般地改制成立；側重實務與應用，成為科技大學培育人才的教育目標。藝術設計的科系，隨著文化創意產業的興起，成為培育設計人才的搖籃；非藝術設計的科系，依然是各行各業養成專業人才的園地。著重創意思考或邏輯思維的教學特質，使藝術設計與非藝術設計的科系，在學習內容方面涇渭分明（Blakeslee, 1980）。屬性截然不同的二領域學生，對共同科目通識課程的反應是否具有一致性，是一個值得探究的問題。故研究者首先以「圖像式媒體融入國文教學」為主題，隨機對某科技大學藝術設計與非藝術設計的班級，進行不同媒體組合形式與資訊呈現方式的實驗教學，期從學生的學習動機、認知負荷與學習成效之反應，作為研究改進國文教學的依據；並期以此研究結果，提供技職高等教育體系國文課程改進教學之參考。

二、研究問題──圖像式媒體對不同領域的學生學習之差異

科技大學藝術設計的學生，多來自高職藝術設計的科系，其著重視覺美感創意設計的教學課程與目標，使學生的人格發展傾向個人特質的培養與自我實現的創造（Holland, 1973），但同時亦較具憂鬱、不合群等反社會性特質（Riso, 1996/2008; Sternberg, 1998/2005）。非藝術設計的學生，多來自高職實務應用的科系，其著重技術培養和業務拓展的教學課程與目標，使學生的人格發展傾向樂群、自制的協調表現（Dudek, Berneche, Berube, & Royer, 1991）。二領域學生的屬性既迥然不同，他們對國文課使用圖像式媒體融入教學的學習反應，可透過實驗教學、問卷與測驗，分析其學習表現之差異。

　　科技是提升教學與學習的有效途徑（West & Graham, 2005），可藉視覺表象（visualization），協助學生瞭解抽象內容。所以資訊科技動畫的融入學習，是另一獲取知識、導引學習者進入有趣視覺學習情境的方法（Su, 2008a, 2008b, 2011）。動畫可借助藝術與技術，使缺乏生命的文字或物象符號，轉化成有生命的表演藝術（楊錫彬，2016）。從故事發想、角色定位、繪製分鏡圖，及 Flash 後製流程（周衡儀、吳佩芬，2015），到插入音效以完成故事。它能藉奇特而富美感的影像，創造天真、寓意深沉，卻又充滿奇幻詩意的世界，實現人們的夢想（李永忻，2016）。在視覺文化日趨蓬勃的時代，視覺已成為大多數人接收訊息的重要管道，而動畫即是一種接收訊息的媒介。由於動畫融入了幻想與趣味，較其他媒體更能吸引觀賞者的目光（葉人傑、王藍亭，2015），也更能達到知識傳播的目的。研究指出（Chuang & Ku, 2011；Kuo, Yu, & Hsiao, 2013）多媒體可刺激大腦，促進學習，達到教學效果。動畫對抽象知識的學習，如歷史的理念（吳志鏗，2008）、化學的問題解決能力（蘇金豆，2013）、統計的運算流程與步驟（楊玲惠、翁頂升、楊德清，2015），皆能發揮寓教於樂的功能，培養自主學習與主動學習的意願。

　　繪本是以圖畫為主、文字為輔，甚至完全沒有文字的書籍，強調視覺傳達的效能，增強主題內容的表現（曾堃賢，2016），乃敘事文本的再詮釋作品；藉「互媒性」延伸原作的圖像特質，以模擬分鏡表呈現故事，以繪製圖像串接情節，如連環影像一般（Selznick, 2011）；使跨媒介敘事引發美感反應，產生感知文本、詮釋相繫、生命經驗交流等效果（賴玉釵，2015）。改編者藉原作而再感知，融入個人詮釋而再創作，運用相異媒介系統，重構文本形態（Bruhn, 2010; Gibbons, 2010; Grishakova & Ryan, 2010）。若藉數位科技進行數位繪本的閱讀與人機互動，可達到視聽的滿足，更可透過多元感官刺激而激發學習興趣，增進學習成效（陳奕璇、陳昱宏，2015），成為語文學習（蔡銘津、何美慧，2016），乃至各學習階段、各學科教學的優質媒介。

　　故研究者嘗試以多媒體動畫或數位繪本融入國文實驗教學，藉科技與人文的整合，提供教學更多元化的可能，期許學習者藉豐富、活潑的視聽經驗，激發學習興趣，提高學習動機，提升學習成效。而二者因媒體組合形式與資訊呈現方式不同，正可作為探討不同媒體影響學生學習表現的素材。

　　Bloom & Krathwohl（1956）認為：教育目標大致可分為認知、情意和技能三大類。Pesut（1990）認為：認知是將所接受的外來訊息轉化為有意義的訊息之心理歷程。張霄亭（2004）則認為：情意是一種心理狀態或情緒傾向，可能是正面讚許的表示，也可能是負面反感的反應。由於學習動機是引起、維持學生學習活動，並導引該學習活動趨向教師所設定的教學目標之內在心理歷程（張春興，2013）；而認知負荷則是心理學的一種構念（construct），是個體從事特定工作時，加諸於個體認知系統的一種負荷（Sweller, Van Merrienboer, & Paas, 1998）。因而學習動機屬於學習情意的一項正向構成因素，而認知負荷屬於學習情意的一項負向構成因素。故本研究以學習動機與認知負荷，為探討學生學習情意的兩項構成因素。

　　因此，本研究的研究問題，即以某科技大學藝術設計與非藝術設計各兩班大一新生，分別實施多媒體動畫或數位繪本的實驗教學，透過問卷與測驗，探討二領域學生對國文課使用圖像式媒體以改進教學的多面向接受度等問題。其中包括下列幾項重點：

（一）探討兩種教學媒體的組合形式（動畫：動態圖像＋字幕＋音樂＋口述故事，繪本：靜態圖像＋口述故事），分別對藝術設計與非藝術設計學生的學習情意（學習動機與認知負荷）之影響。

（二）探討兩種教學媒體（動畫與繪本）的組合形式，分別對二領域學生的認知（學習成效）之影響。

　　蒐集以上四班學生的量化回饋資料，希望能分析、建構科技大學藝術設計與非藝術設計二領域學生，對國文課改進教學的多面向感受之結論。

三、研究限制──國文實驗教學的樣本數問題

　　研究者首先以台灣中部某科技大學日間部四班大一新生為實驗對象，即數位媒體設計系 A、B 兩個藝術設計的班，及科技商品設計系 B 班、行銷與流通管理系 B 班等兩個非藝術設計的班（科技商品設計系乃實用設計的科系，而非藝術設計的科系），四班 212 人，共得到 201 份有效樣本。融入實驗課程的圖像式媒體，是五則六朝志怪小說的多媒體動畫或數位繪本。由於施測的科系、班級、人數、資質，與籌備實驗教學的人力、時間、媒材等限制，各項條件既無法圓滿，研究結果自無法作廣泛推論。而本實驗教學的目標，著重於探討圖像式媒體融入課程，造成二領域學生對國文課的學習動機、認知負荷與學習成效等認知與情意方面的影響；至於其他相關教學活動，則非本研究之重點。

第二節、文獻探討

一、國文教學的困境

　　自從 1986 年《國文天地》雜誌社舉辦一連串檢討大學國文的會議開始，至 1993 年教育部取消部訂大一國文必修課程、減少國文學分數、允許變更課程名稱等措施，引起各大學中文系的危機意識，紛紛邀請專家學者舉辦座談會、教學研討會，以期對大學國文教育的定位、教材、教學法等，進行全面的反省與改革（王靖婷，2009；詹海雲，1994；蓋琦紓，2010）。

「國文」的定義向來含糊而籠統：它既關乎「文化傳承與人文素養」等內涵，亦指涉「中國語文的應用能力」。然而教材設計的缺乏理念、系統與實用性，教學法的刻板與無法推陳出新（王靖婷，2009），造成教學目標的失焦與學習成效的脫序，並再再影響學生的學習興趣與動機。而科技掛帥的台灣社會，忽視本國語文與人文素養的學習風氣，亦是大學國文所面臨的教學困境（陳徵毅，2005）。因而如何改善教學內容、改進教學方法，使大學國文既能背負文化傳承的使命，又能因應 e 化社會的時空背景：讓科技融入教學，讓數位媒體一方面能還原或營造歷史、文化與文學的情境，一方面又能發揮動畫、遊戲等寓教於樂的趣味性功能，以提升學生對國文課程的學習動機與成效，乃不容忽視的當務之急。

二、電腦教學媒體對學習的認知與情意之影響相關研究

1980 至 1990 年代，資訊科技迅速發展，教育受到相當大的衝擊，傳統教學受到挑戰，促進了教學的革新（Dexter, Anderson, & Becker, 1999; Dias, 1999; Mehlinger, 1996）。資訊科技融入教學，成為全球教學的新趨勢（王全世，2000），電腦教學媒體也應運蓬勃地發展。它曾以電腦輔助教學（computer assisted instruction, CAI）的方式呈現教材，並控制個別學習的教學歷程（Hicks & Hyde, 1973），故適用於教室的教學（Dias, 1999），也適用於個別化的教學情境；它能讓學習者與電腦互動，並可配合學生程度與學習速度來進行適性化教學（Clark & Mayer, 2011）。它曾引起理論與實務的研究風潮，而得到可縮短學習時間、提高學習成效（Bangert-Drowns, Kulik, & Kulik, 1985），同時可改善學習動機與態度（Rieber, Boyce, & Assad, 1990）等結論。電腦輔助學習軟體可以非線性（nonlinear）且多重路徑（multitude of paths）的方式，將動態影像、動畫、圖形、聲音、視訊、文字等媒體結合，塑造一個能自由且隨意獲致大量資訊的學習環境（董家莒、張俊彥、蕭建華、戴明

國，2001；Thompson, Simonson, & Hargrave, 1996）。故電腦多媒體教學的優勢，是教學時採用多元視覺線索（Acar & Diken, 2012），希望讓學習者沉浸在多感官的經驗中，以提高學習動機與成效。

　　Mayer（2001）和 Sweller（2004）認為：電腦多媒體教學與學習，是以文字和圖像呈現的教學與學習，亦是透過視覺、聽覺雙重管道進行認知與知識整合的主動學習。Mayer 和 Moreno（2003）更指出：它可結合線性（語文）與非線性（圖像）的表徵系統，幫助學生建構不同的心智模型及兩者之間的關連，達到更佳的學習效果。依據訊息處理認知論，人類短期記憶（工作記憶）的心智容量有限（Baddeley, 1999; Ellis & Hunt, 2005），當執行任務時，心智活動加諸於工作記憶的總量，會形成學習者的「認知負荷（cognitive load）」。依據認知負荷理論，學習歷程中的認知負荷有三種（Sweller, et al, 1998; Paas, Renkl, & Sweller, 2003; Sweller, 2010[1]）：

　（一）內在認知負荷（intrinsic cognitive load），指被學習、理解的材料本身的複雜程度，即學習內容對學習者的互動元素及參與基模建構過程的互動元素之多寡，因其同時佔據了工作記憶容量而產生的負荷；

　（二）外在認知負荷（extraneous cognitive load），指教材設計或教學過程中所額外產生的互動元素量，即雖佔據工作記憶容量，卻不參與基模重組建構的元素，對工作記憶產生的負荷；

　（三）增生認知負荷（germane cognitive load），指學習者投入與學習任務相關的認知資源，即學習者投入到處理內在認知負荷的工作記憶量，乃有助於基模建構或學習本身的認知負荷。

---

[1] Sweller（2010）提出認知負荷理論的新修正模型，將各種認知負荷的來源單一化，為元素的互動性（element interactivity）。並重新修正了可感受到的認知負荷構成之模型，僅定義為：內在與外在負荷之總和，而將增生負荷排除在外。

　　以上三者的總和為人類總認知負荷（Paas et al., 2003）。故認知負荷理論認為，對特定的學習者而言，學習任務會有其本身既有的內在認知負荷（教材本身的難易程度），也會有因教學設計不佳而導致的外在認知負荷（不適切的教學活動設計所致），及吸引學生專注於學習內容或基模建構的增生認知負荷（適切的教學活動設計所致）。學習過程中，互動元素超過了工作記憶的容量限制，即表示認知負荷超過了學習者的認知處理限制，學習成效就會顯著降低（黃一泓、虞翔，2014）。故適當的教材呈現方式，可降低外在認知負荷，幫助學習者專注於學習內容，而提高學習成效（吳瑞源、吳慧敏，2008；Brüken, Plass, & Leutner, 2003）。

　　Sweller（2004）根據認知負荷理論，從實徵研究歸結十一種因教學設計而產生的學習效應，以下僅列舉與本研究相關的兩項效應：

（一）「形式效應」（modality effect），同一管道的訊息量過多時，在容量有限的工作記憶中會互相競爭，造成部分訊息無法有效處理；若以視、聽雙重管道呈現教材內容，會比單一管道的效果好。

（二）「餘贅效應」（redundancy effect），圖像本身即足以提供學習者所需的訊息時，敘述文字的加入會干擾學習，增加認知負荷，對學習產生負面影響；若將多餘文字刪除，改以聽覺方式呈現，可避免產生餘贅效應。

　　Mayer（2009）融合各家學說，將多媒體的認知理論與模型，修正為十二項多媒體教材設計原則，以下僅列舉與本研究媒體製作相關的三項原則：

（一）多媒體原則：文字與圖像的學習效果比純文字的學習效果好；

（二）形式原則：圖文配合語音旁白的學習成效比只有字幕解說好；

（三）餘贅原則：動畫加語音旁白解說，比動畫加語音旁白和字幕學習成效好。

國內學者陳彙芳與范懿文（2000）、徐易稜（2001）、陳密桃（2003）、吳瑞源與吳慧敏等（2008），亦曾致力於如何善用媒體組合形式以減輕認知負荷、達到最佳學習效果之研究。近年來國內外學者探討多媒體教材與學習的認知與情意之研究，已獲得相當一致的研究成果：教材的媒體組合形式或資訊呈現方式，應注意學習者的工作記憶容量與認知負荷，避免過多不同型態的資訊，干擾學習者理解、學習和解決問題的能力，而降低了學習成效。

三、圖像式媒體應用於大學國文教學的相關研究

多媒體融入大學國文教學的相關研究，文獻回顧方面，詹海雲（1994）認為多媒體輔助教具，可使國文教學生動化；王靖婷（2009）則肯定多元而富趣味性的多媒體輔助教學，是國文教學改革的趨勢。教材實作方面，羅鳳珠（1993）、陳忠信（2004）先後製作多媒體網站或影片，將多媒體運用於國文教學。課程設計方面，信世昌（1994）提倡多媒體教材設計應因應學科的特質，而國文教學的本質，涵蓋歷史、地理、音樂等知識，多媒體結合影音的特性，正可使國文課程呈現具體生動的風貌；蓋琦紓（2010）則認為多媒體資源可引起學生的學習興趣，但不宜完全取代文本的閱讀，以免降低學生的文學感受力與中文閱讀的能力。

研究者一方面肯定國內外學者對多媒體融入教學的研究成果，即認為優質多媒體教材對學習動機與成效具助益性；另一方面對大學國文數位化改進教學深具信心，並確認多媒體融入國文教學，可重建文學的背景知識，如史地、建築、文物、書畫、音樂的再現，並可引領學生穿越時空，臨場體驗文學作品的原創情境。而本研究之所以選用多媒體動畫與數位繪本兩種圖像式媒體為自變項，作為改進大學國文教學的實驗媒體，理論方面，多媒體動畫是以動態圖像＋字幕（視覺），配合音樂＋口述故事（聽覺）所呈現

的雙重感官多重資訊媒體；數位繪本是以靜態圖像（視覺）配合口述故事（聽覺），所呈現的雙重感官單一資訊媒體。這兩種教材可用以探討 Sweller（2004、2010）教學設計與學習效應、認知負荷與學習成效的研究，對科技大學生的實徵效果；亦可用以驗證 Mayer（2009）多媒體設計原則的學說，作為改進數位教材製作之參考。實務方面，六朝志怪小說（研究者的選修課程）是中國古典奇幻小說的原創雛形，簡短生動有趣，且頗富倫理教育意義，極適合用動畫或繪本方式呈現，以引發學生的學習興趣，並可即刻驗收學習成效。故研究者將數年來授課與課餘指導學生的產學優質作品選出，作為實驗教學的媒體。

研究者以學習動機和認知負荷等情意因素為依變項的原因，在於探討圖像式媒體融入教學，能否改善學生對傳統國文課的刻板印象，而提升學習興趣？兩種媒體融入教學，相較於傳統講述式教學，其學習難易度如何？理解與記憶的認知負荷又如何？至於學習成效乃認知成果，權以一般認可的後測成績，為學習成就之表徵。

第三節、實驗課程與媒體設計

實驗課程與媒體設計，是由研究者（國文教師）以相同的教材內容與教學次第，隨機對藝術設計與非藝術設計各兩班學生，分別以兩種不同的教學媒體與教學策略授課，以呈現學習效果：即數位繪本教學或多媒體動畫教學。教材內容為相同的五則故事，文本都選自《幻說六朝——中國古典小說中的奇幻世界》（錢昭萍，2011）。囿於篇幅，本研究僅以一則故事，圖列如下：

一、數位繪本教學

實驗教學的第一種策略為「數位繪本」教學，授課時研究者口述故事，配合播放自製的數位繪本為教具，以看圖說故事方式，作雙重感官（視覺＋聽覺）單一資訊（靜態圖像＋口述故事）教學；學生則以視覺、聽覺同時進行學習。繪本範例如圖 1-1 所示。

（宋康王舍人韓憑，娶了一位美貌的妻子。康王聽說之後，就把她奪了過來。）

圖 1-1.　數位繪本範例

二、多媒體動畫教學

實驗教學的第二種策略為「多媒體動畫」教學；研究者口述故事與前一種教學完全相同，但授課時播放本研究自製的多媒體動畫為教具，以看動畫、聽符合劇情的中國古典音樂，作雙重感官（視覺＋聽覺）多重資訊（動態圖像＋字幕＋音樂＋口述故事）的情境教學；學生則以影音聲光導入情境進行學習。動畫縮圖表列如圖 1-2 所示。

圖 1-2.　多媒體動畫範例

　　以上兩種媒體組合形式與資訊呈現方式的課程設計，使用相同感官吸收不同資訊的教學策略，可透過問卷、測驗，探討對學生認知與情意之影響。

第四節、實驗教學的實施

一、實驗規劃

　　本研究實驗對象為台灣中部某科技大學四班大一新生，表 1-1 是實驗教學施測表：A1、A2 為藝術設計的班，N1、N2 為非藝術設計的班；此二領域的學生，分別以上述兩種教學媒體進行實驗教學，以探討二者學習反應之差異。

表 1-1　實驗教學施測表

學習領域	班碼	班級	人數	有效問卷	時　間	課程	教室	教學方式
藝術設計	A1	數媒1A	57	52	2014 年 9 月 22 日（星期一）上午 10:10~12:00	本國語文（必）	SYB113	多媒體動畫
	A2	數媒1B	51	48	2014 年 9 月 22 日（星期一）上午 08:10~10:00	本國語文（必）	SYB113	數位繪本
非藝術設計	N1	科設1B	44	43	2014 年 9 月 23 日（星期二）上午 08:10~10:00	本國語文（必）	SY601	多媒體動畫
	N2	行銷1B	60	58	2014 年 9 月 24 日（星期三）上午 08:10~10:00	本國語文（必）	BW306	數位繪本

二、研究工具

本研究學習動機問卷參考自 Pintrich 與 DeGroot（1990）所採用的 Likert 七點量表問卷，共 8 題（含 1 題反向題）。認知負荷問卷參考自 Sweller、Van Merrienboer 與 Paas（1998）所採用的 Likert 七點量表問卷，共 5 題（含 1 題反向題）。問卷皆直譯後修改為國文課程適用版。實驗教學的測驗卷，則是研究者依授課內容設計的 20 題四選一單選題，5 個故事每個故事各 4 題，包含故事內容、性質、人物個性、時代背景或思潮等。前後測題意相同，問法各異，以了解學生的先備知識，並探討其學習成效。分析工具則以 SPSS 22 之 t 檢定（t-test）與雙因子共變數分析（two wayanalysis of covariance）等為統計方法。

三、實驗流程

本實驗教學依不同媒體分為：多媒體動畫與數位繪本兩種教學方式。教學前先請學生填寫一份學習動機前問卷，以了解學生對過去傳統國文教學的看法；再填寫一份前測驗，內容為實驗教學的故事重點，以確認學生對實驗教學的先備知識。接著進行一小時的實驗教學，即以視覺、聽覺並行的數位繪本教學，或以影音聲光導入情境的多媒體動畫教學。課程結束後，再請學生填寫一份與前問卷相同問項的學習動機後問卷，及認知負荷問卷。相同問項的部分，是用來分析實驗教學對學生的學習動機之影響；問卷增益的部分，為本研究想繼續探討的認知負荷主題。至於後測驗則與前測題意相同、問法各異，目的在探討學生的學習成效，藉以瞭解學生透過不同的教學方式，分別對授課內容的領會程度。實驗教學流程如圖 1-3 所示。

四、研究工作流程

　　實驗教學實施後，先後進行量化資料的統計與分析。首先過濾實驗教學的問卷與測驗，即從四班 212 份回饋資料中，剔除 4 份大三外系選修生、7 份填答不完整的問卷，而得到 201 份有效樣本，有效回收率 94.81%。再分別以 SPSS 22 之 t 檢定與雙因子共變數分析，交叉分析學生們的各項回饋資料數據，以瞭解他們對實驗教學兩種教學方式的觀感，並建構科技大學生對國文課改進教學的不同面向感受之結論。

圖 1-3.　實驗教學施測流程圖

第五節、量化資料的分析與結果

一、問卷的信度與效度

　　首先分析後問卷的信度：結果發現多媒體動畫與數位繪本兩種教學方式的問卷回饋，在信度方面都相當良好。信度分析如表 1-2 所示。

表 1-2　信度分析摘要

後　問　卷（N=201）	Cronbach's Alpha 值
學習動機	.945
認知負荷	.934

　　本問卷因參考專家學者的文獻，並由研究者與偕同研究的兩位科技專業教師、一位統計專業教師，就內容進行三次反覆審查、討論與修訂，故問卷應具備優良的內容效度。學習動機問卷有七題（不含反向題），因素分析發現每題因素負荷量皆大於 0.80，解釋變異量 75.54%。認知負荷問卷有四題（不含反向題），因素分析發現每題因素負荷量皆大於 0.85，解釋變異量 83.46%。

二、實驗教學前後問卷與測驗的比較分析

　　本研究以全體、兩學習領域、不同教學方式的脈絡，進行各項數據的檢定與分析。為了探討實驗教學對學生們的學習動機與學習成效之影響，首先以成對樣本 t 檢定，檢驗全體、二領域與不同教學方式的前後問卷與測驗，結果發現：全體、二領域與各班前後測成績之差異皆達顯著水準；非藝術領域前後測學習動機之差異亦達顯著水準，但藝術領域卻未達顯著水準。這顯示實驗教學以圖像式媒體融入國文課程，非藝術領域的認知與情意，較以往傳統國文教學有非常顯著的進步；但藝術領域的學習成效雖進步良多，學習動機卻進步有限。分析結果如表 1-3、1-4、1-5 所示。

表 1-3 　全體前後學習動機與成績成對樣本 *t* 檢定分析摘要

全　體 （*N*=201）	動　機					成　績				
	前測		後測		*t*	前測		後測		*t*
	Mean	*SD*	*Mean*	*SD*		*Mean*	*SD*	*Mean*	*SD*	
	5.29	0.81	5.52	0.93	-3.59***	46.39	10.77	78.41	10.17	-35.74***

***p<0.001

表 1-4 　二領域前後學習動機與成績成對樣本 *t* 檢定分析摘要

學習領域	*N*	動　機					成　績				
		前測		後測		*t*	前測		後測		*t*
		Mean	*SD*	*Mean*	*SD*		*Mean*	*SD*	*Mean*	*SD*	
藝術設計	100	5.18	0.81	5.24	1.02	-0.67	47.05	10.83	78.70	11.86	-23.94***
非藝術設計	101	5.41	0.80	5.80	0.73	-4.82***	45.74	10.73	78.12	10.29	-26.63***

***p<0.001

表 1-5 　不同教學方式前後學習動機與成績成對樣本 *t* 檢定分析摘要

學習領域	班碼	*N*	教學方式	動　機					成　績				
				前測		後測		*t*	前測		後測		*t*
				Mean	*SD*	*Mean*	*SD*		*Mean*	*SD*	*Mean*	*SD*	
藝術設計	A1	52	動畫	5.19	0.89	5.30	1.02	-0.95	46.15	8.89	79.13	9.84	-18.52***
	A2	48	繪本	5.16	0.73	5.17	1.02	-0.06	48.02	12.62	78.23	12.05	-15.39***
非藝術設計	N1	43	動畫	5.42	0.85	5.79	0.81	-3.19***	45.35	13.82	73.95	9.85	-12.95***
	N2	58	繪本	5.40	0.76	5.80	0.67	-3.67***	46.03	7.82	81.21	7.85	-28.46***

***p<0.001

三、實驗教學前後問卷與測驗的結果與討論

　　本實驗以學習領域、科系、班級為單位，為排除非隨機分派對實驗正確性的可能之誤差，並考慮學習領域與教學方式可能的交互作用對實驗結果之影響，故以下比較二領域學習動機後測與學習成效的統計，採雙因子共變數分析為統計控制之方法，以彌補無法做實驗控制之不足（林清山，2014），並控制共變項（前測）的干擾效果，以增加實驗的內在效度（吳明隆、涂金堂，2012）。

（一）學習領域與教學方式對學習動機的影響

　　為了分析學習領域與教學方式對實驗教學學習動機的影響，並排除前測動機對實驗的干擾效果，同時考量教學方式（動畫與繪本）對學習領域（藝術與非藝術設計的學生）可能產生的不同影響，及其可能的交互作用，因此以雙因子共變數分析，檢驗全體學生的前後測學習動機數據。然雙因子共變數分析須符合組內迴歸係數同質性檢定與變異數同質性檢定之假設，以確保共變項（前測）的控制效果在學習領域與教學方式的交互作用等同。

　　因此先進行學習動機前測雙因子組內迴歸同質性檢定與變異數同質性檢定。結果顯示：學習動機前測在學習領域與教學方式的組內迴歸同質性檢定顯著性 0.226，變異數同質性檢定顯著性 0.150，皆未達顯著水準，即學習動機前測具有組內迴歸同質性與變異數同質性，符合雙因子共變數分析之假設。

　　繼續以雙因子共變數分析，檢定學習領域與教學方式對學習動機的影響。結果顯示：學習領域與教學方式無交互作用存在，多媒體動畫與數位繪本兩種教學方式對學習動機的影響相同；但二領域學生經圖像式媒體教學後，其學習動機達顯著差異：非藝術領域的學習動機明顯高於藝術領域。分析結果如表 1-6、1-7 所示。

表 1-6　學習領域與教學方式對學習動機雙因子共變數分析摘要

變異來源	SS	df	MS	F	Sig.	η^2
前測動機	37.87	1	37.87	59.80***	0.000	0.234
學習領域	9.61	1	9.61	15.17***	0.000	0.072
教學方式	0.14	1	0.14	0.21	0.645	0.001
學習領域*教學方式	0.24	1	0.24	0.38	0.541	0.002
誤　差	124.10	196	0.63			
校正後全體	171.94	200				

***$p < 0.001$　（學習領域*教學方式：學習領域與教學方式的交互作用）

表 1-7　學習領域與教學方式對學習動機雙因子共變數分析統計資料摘要

因子	學習動機	N	調整前		調整後		F	顯著性
			Mean	SD	Mean	SD		
學習領域	藝術設計	100	5.24	1.02	5.30	0.80	15.17***	0.000
	非藝術設計	101	5.80	0.73	5.74	0.81		
教學方式	動畫	95	5.53	0.96	5.55	0.80	0.21	0.645
	繪本	106	5.52	0.90	5.49	0.80		

***$p < 0.001$

（二）學習領域與教學方式對學習成效的影響

　　為了分析學習領域與教學方式對實驗教學學習成效的影響，並排除前測成績對實驗的干擾效果，同時考量教學方式（動畫與繪本）對學習領域（藝術與非藝術設計的學生）可能產生的不同影響，及其可能的交互作用，因此以雙因子共變數分析，檢驗全體學生的前後測成績數據。前測成績在學習領域與教學方式的組內迴歸同質性檢定顯著性 0.404，變異數同質性檢定顯著性 0.260，皆未達顯著水準，即前測成績具有組內迴歸同質性與變異數同質性，符合雙因子共變數分析之假設。

　　繼續以雙因子共變數分析，檢定學習領域與教學方式對全體學生學習成效的影響。結果顯示：學習領域與教學方式有交互作用存在，分析結果如表 1-8 所示。因此，以下當繼續以單因子共變數分析，分別檢定單純主要效果變異，並做事後比較，分析結果如表 1-9～1-12 所示。

表 1-8　學習領域與教學方式對學習成效雙因子共變數分析摘要

變異來源	SS	df	MS	F	Sig.	η^2
前測成績	1459.78	1	1459.78	15.95***	0.000	0.075
學習領域	3.24	1	3.24	0.04	0.851	0.000
教學方式	399.66	1	399.66	4.37*	0.038	0.022
學習領域*教學方式	885.94	1	885.94	9.68**	0.002	0.047
誤　差	17941.93	196	91.54			
校正後全體	20690.55	200				

*p<0.05　**p<0.01　***p<0.001　（學習領域*教學方式：學習領域與教學方式的交互作用）

　　首先分析藝術領域不同教學方式對學習成效的影響：組內迴歸同質性檢定顯著性 0.141，變異數同質性檢定顯著性 0.788；皆未達顯著水準，符合共變數分析之假設。

　　繼續以單因子共變數分析，檢定藝術領域不同教學方式對學習成效的影響，結果顯示：不同教學方式對學習成效無顯著差異（顯著性 0.512），分析結果如表 1-9 所示。

表 1-9　藝術領域教學方式對學習成效單因子共變數分析統計資料摘要

因子	學習成效	N	調整前		調整後		F	顯著性
			Mean	SD	Mean	SD		
教學方式	動　畫	52	79.13	9.84	79.20	9.56	0.43	0.512
	繪　本	48	78.23	12.05	77.87	11.80		

**p<0.01

其次分析非藝術領域不同教學方式對學習成效的影響：組內迴歸同質性檢定顯著性 0.661，變異數同質性檢定顯著性 0.156，皆未達顯著水準，符合共變數分析之假設。

繼續以單因子共變數分析，檢定非藝術領域不同教學方式對學習成效的影響，結果顯示：不同教學方式對學習成效有顯著差異（顯著性 0.000）：繪本教學的學習成效明顯優於動畫教學。分析結果如表 1-10 所示。

表 1-10　非藝術領域教學方式對學習成效單因子共變數分析統計資料摘要

因子	學習成效	N	調整前		調整後		F	顯著性
			Mean	SD	Mean	SD		
教學方式	動　畫	43	73.95	9.85	74.04	8.45	17.40***	0.000
	繪　本	58	81.21	7.85	81.15	8.45		

***p<0.001

至於相同教學方式下，學習領域對學習成效的影響，亦以單因子共變數分析檢定其數據。首先分析動畫教學方式下，二領域學習成效之差異：組內迴歸同質性檢定顯著性 0.472，變異數同質性檢定顯著性 0.963，皆未達顯著水準，符合共變數分析之假設。

繼續以單因子共變數分析檢定動畫教學方式下，學習領域對學習成效的影響，結果顯示：不同領域的學習成效有顯著差異（顯著性 0.014）：藝術領域優於非藝術領域。分析結果如表 1-11 所示。

表 1-11　動畫教學方式下學習領域對學習成效單因子共變數分析統計資料摘要

因子	學習成效	N	調整前		調整後		F	顯著性
			Mean	SD	Mean	SD		
學習領域	藝術領域	52	79.13	9.84	79.08	9.73	6.34*	0.014
	非藝術領域	43	73.95	9.85	74.02	9.73		

*p<0.05

其次分析繪本教學方式下，二領域學習成效之差異：組內迴歸同質性檢定顯著性 0.625，變異數同質性檢定顯著性 0.088，皆未達顯著水準，符合共變數分析之假設。

繼續以單因子共變數分析檢定繪本教學方式下，學習領域對學習成效的影響，結果顯示：不同領域的學習成效有顯著差異（顯著性 0.049），非藝術領域優於藝術領域。分析結果如表 1-12 所示。

表 1-12 繪本教學方式下學習領域對學習成效單因子共變數分析統計資料摘要

| 因子 | 學習成效 | N | 調整前 | | 調整後 | | F | 顯著性 |
			Mean	SD	Mean	SD		
學習領域	藝術領域	48	78.23	12.05	77.85	9.39	3.98*	0.049
	非藝術領域	58	81.21	7.85	81.52	9.38		

*$p<0.05$

（三）學習領域與教學方式對認知負荷的影響

為了分析學習領域與教學方式對實驗教學認知負荷的影響，以雙因子變異數分析，檢驗全體學生的後測認知負荷數據。首先檢驗變異數同質性，顯著性 0.052，未達顯著水準，符合變異數同質性之假設。繼續以雙因子變異數分析檢定其數據，結果發現學習領域與教學方式對認知負荷無交互作用存在，但二者分別對認知負荷產生影響。就學習領域而言，藝術領域明顯高於非藝術領域，這顯示藝術領域的學生對實驗教學的認知負荷，較非藝術領域明顯沉重；就教學方式而言，動畫高於繪本教學，這顯示動畫教學對學生的認知負荷較繪本教學沉重，分析結果如表 1-13、1-14 所示。

表 1-13　學習領域與教學方式對認知負荷雙因子變異數分析摘要

變異來源	SS	df	MS	F	Sig.	η^2
學習領域	32.06	1	32.06	15.95***	0.000	0.131
教學方式	5.30	1	5.30	4.92*	0.028	0.024
學習領域*教學方式	0.41	1	0.41	0.38	0.540	0.002
誤　差	212.06	197	1.08			
校正後全體	249.83	200				

*p<0.05　***p<0.001　（學習領域*教學方式：學習領域與教學方式的交互作用）

表 1-14　學習領域與教學方式對認知負荷敘述統計表

因子	各構面	N	認知負荷			
			Mean	SD	F	顯著性
學習領域	藝術設計	100	2.93	1.17	15.95***	0.000
	非藝術設計	101	2.13	0.90		
教學方式	動畫	95	2.73	1.20	4.92*	0.028
	繪本	106	2.33	1.00		

*p<0.05　***p<0.001

第六節、結論、展望與建議

　　本研究以多媒體動畫或數位繪本融入課程，對藝術與非藝術設計各兩班學生進行國文實驗教學，目的在瞭解當今科技大學生對傳統國文課的真實觀感，及其對圖像式媒體融入教學的學習反應。經前後問卷與測驗的回饋資料分析結果，可獲致以下幾項具體結論：

一、實驗教學兩種教學媒體對二領域學生的學習情意之影響

　　根據二領域前後問卷的分析，實驗教學以兩種媒體融入課程，非藝術領域學習動機以顯著水準大幅提升，藝術領域卻進步有限；故二者的後動機落差明顯：非藝術領域高於藝術領域。二者的認知負荷亦有顯著差異：藝術領域高於非藝術領域。故圖像式媒體融入國文教學，無論動態、靜態，對非藝術領域均能明顯提升學習情意；但藝術領域各項情意反應皆不如非藝術領域為佳。

　　造成上述現象的原因，可從二領域學生的專業素養與人格特質兩方面來詮釋：

　　（一）藝術領域對圖像式媒體多具專業知識或製作能力，對動畫與繪本的鑑賞力亦具基本水平；故面對圖像式媒體融入教學，批判的心態會干擾學習情意。非藝術領域對圖像式媒體不具專業素養，面對圖像式媒體融入教學，新鮮、有趣的感受，特別能提升學習情意。

（二）藝術領域重視個人的自我表現，學習者較具反社會傾向的人格特質（Riso, 1996/2008; Sternberg, 1998/2005），本不易對人、事、物表示高度贊同；加以自身具備圖像式媒體製作的知識或技能，批判的心態，使之更不易對他人作品表示讚賞。非藝術領域注重人際的協調與合作，學習者較具樂群、自制的人格特質（Dudek et al., 1991）；且由於學習領域不同，學生對動畫或繪本融入教學充滿新奇感與興趣，使之樂於將高度讚賞形之於外。故二領域學習動機後測形成高度落差；認知負荷的顯著差異，亦顯現藝術領域專業知能干擾學習的批判心理。

二、實驗教學媒體組合形式對二領域學生的學習成效之影響

根據二領域前後測驗的分析，實驗教學以兩種媒體融入課程，二領域測驗成績皆以顯著水準大幅提升。然就學習領域而言，藝術領域對不同教學方式的學習成效無顯著差異；非藝術領域則繪本教學的學習成效優於動畫教學。就教學方式而言，動畫以藝術領域的學習成效優於非藝術領域；繪本則以非藝術領域的學習成效優於藝術領域。故二者的成效表現，完全相反。

根據 Sweller（2004, 2010）教學設計和學習效應的理論及認知負荷和學習成效的實徵研究，多媒體教材若以視、聽雙重管道呈現內容，比單一管道的效果好，此即所謂「形式效應」；圖像本身若足以提供學習所需的訊息，敘述文字不但多餘，且干擾學習，增加認知負荷，對學習成效產生負面影響，此即所謂「餘贅效應」。本動畫的動態圖像有附字幕與臨場旁白解說；字幕對圖像形成視覺管道多重訊息的「餘贅效應」，理應對學習造成干擾。繪本的靜態圖像亦有附臨場旁白解說，符合視、聽雙重管道單一訊息的「形式效應」，理應對學習造成助益。然二領域對兩種教學方式的成效表現完全相反，故以下便就二者學習成效的相關反應，討論於下：

（一）藝術設計領域：

　　對藝術領域而言，動畫與繪本的學習成效無顯著差異：即其學習成效竟未受教材設計與媒體組合形式的影響；其感官接收訊息的學習效應，竟完全顛覆了中外學者的理論研究與實徵結果。推究箇中原因，圖像式媒體是其日常慣用的媒體，亦是其自高職時代長期學習製作的媒體。故其對實驗教學媒體，無論動態、靜態，皆習以為常甚至彈性疲乏，以致缺乏常態的學習反應，而未受「形式效應」或「餘贅效應」之影響。

（二）非藝術設計領域：

　　對非藝術領域而言，繪本的學習成效明顯優於動畫教學。這與上述 Sweller（2004, 2010）的教材設計與學習效應及認知負荷理論與實徵研究的成果相符，亦與 Mayer（2009）多媒體教材設計的「形式原則」和「餘贅原則」相符；並和國內學者陳彙芳與范懿文（2000）、徐易稜（2001）及吳瑞源與吳慧敏（2008）善用媒體組合形式以減輕認知負荷、達到最佳學習效果的研究結果相同。至於靜態圖像的學習成效優於動態圖像的實驗結果，則與徐易稜的研究結果相同。

　　上述藝術領域的學習表現與中外學者教材設計與媒體組合形式的研究結果截然不同，這顯示二領域因先天、後天的各種因素，已形成學習本質的差異；而實驗教學媒體對二領域的學習經驗與熟悉程度不同，亦是造成學習表現不同的原因。然二領域各項學習反應之差異是個不爭的事實，亦是尚待學者與教師們深入研究並給予高度關懷的教育課題；故提供科技大學的教師們課程設計與教學策略之參考。

三、二領域學生認知與情意表現紛歧的教育意義

訊息處理論（information processing theory）認為，認知是將外來訊息轉化為有意義的訊息之歷程，涉及注意、意識和自我調整的後設認知（metacognition）等作用（Pesut, 1990）。而Krathwohl、Bloom 與 Masia（1964）認為，情意（affective）是指由外在的學習轉化為個人內在的興趣、感受、態度、情緒、價值、信念等心理特質（張春興，2013；Ediger, 1997）。因此，實驗教學的後問卷，呈現著學生們對兩種教學方式情意方面的接受程度；後測驗，則呈現學生們透過兩種教學方式，對學習內容的認知程度。

如上所述，二領域對實驗教學兩種教學方式的認知（學習成效）與情意（學習動機、認知負荷），呈現非常紛歧的表現，這顯示學生們面對兩種教學媒體的心理反應，各不相同：

(1) 藝術領域對動畫與繪本的專業知識、製作能力或鑑賞力，皆成為干擾學習的情緒因素：批判的心態，使其學習動機一如傳統教學之低落，認知負荷亦特別沉重；但學習成效卻未受影響。非藝術領域對動畫與繪本不具專業知識、製作能力或鑑賞力，當其面對圖像式媒體融入教學，新鮮、有趣的感受，特別能提升學習動機而降低認知負荷。

(2) 本研究動畫媒體組合形式造成的「餘贅效應」，分別反映在藝術領域的學習情意與非藝術領域的認知上，使藝術領域動畫班學習動機無顯著進步；而非藝術領域動畫班則學習動機高昂，學習成效卻不彰。

(3)本研究繪本媒體組合形式造成的「形式效應」，則反映在非藝術領域繪本班的學習情意與認知上，使其學習動機進步明顯，認知負荷輕微，而學習成效優良。

　　以上分析，反映二領域學生面對相同或不同媒體時，學習表現差異很大。這對教學而言，是一個需要關注的警訊：不同領域的學生，其多元學習的背景與人格特質的差異，需要教師們設計不同的教學媒體與教學策略，並付出更多心力關懷、輔導其心理發展與學習狀況，方能因應多元、多變的教學現況。

　　學習、認知與情意，是非常複雜的問題：學習經驗、知識背景、心智能力、認知風格、人格特質等因素，皆與訊息處理的品質有關（Sternberg & Lubart, 1993），亦與各項學習反應有關。教育的目的，不僅是知識的傳授而已；改進學生的學習動機，增進其學業表現，再回饋到其原本的認知與情意系統，讓學生對自己的學習有責任感，使學生成為能自我激發、自我控制的學習者（張景媛，1991），對其學習生涯或人生，實更具意義。

　　由於二領域各項學習經歷、專業知能與學習反應皆完全不同，故造成學習表現的多元因素，如認知風格與多元智能、人格特質、性別與教學法等，皆是對教學有助益的後續研究方向。基於輔導學習的立場，希望未來透過對學習偏好、人格特質、性別差異的研究，與教學法的實際驗證，對教學能付出更多有效的心力，以達到輔導學習的實際效益。

四、本實驗教學的研究限制

　　本實驗教學的研究對象僅限於台灣中部某科技大學四班大一新生，故研究結果之推論，應為類似本研究對象的科技大學大一新生，並不宜推論至普通大學的所有學生。部分研究對象因參與感與認真度不夠，難免降低了研究結果的準確性。本實驗教學的教學媒體，屬國文範疇的故事性教材，因此對其他科目或不同性質的教材，應考慮其可推論性。而本實驗教學評量學習

成效的測驗卷，皆以文字題目呈現，這對國文先備知識不足的學生，或許會造成部分填答的難度。至於動畫與繪本的技術層面與美感程度，對藝術領域的學生，是否會因批判心態而造成學習動機與成效的負面影響，亦是一個須個別考量的問題。囿於不宜耽誤過多正規課程的進度，本實驗教學的授課時間僅 60 分鐘而已，因而教學效益是否參雜短暫的新奇效應因素在內，亦是需納入考慮的研究限制。而認知風格、學習型態或人格特質，是否會影響學生對不同媒體的接受度，更是後續值得探討的問題。

五、國文多元教學的建議與展望

國文教學深負文化傳承、人文素養與國語文訓練的多重使命。故教學內容的實用化與教學方式的生動化，實為國文教師們刻不容緩的努力方向。研究者有鑑於此，近年來在教學設計、媒體製作與改進教學方式所做的努力，經由實驗教學、問卷、測驗與統計、分析等研究，深深體悟到不同領域的學生學習表現可能明顯不同，這顯示其學習本質的差異，應以不同的課程設計與教學策略，給予適性化教學；教學媒體的製作，亦須考量學生們的專業素養；至於人格特質的問題，尤需教師們付出更多心力關懷、輔導，以提升學生的學習情意。

至於多媒體教材的製作方面，本研究同於中外學者的研究結果：雙重管道（視覺＋聽覺）單一訊息的學習效果最佳（陳彙芳等，2000；徐易稜，2001；Mayer, 2009; Sweller, 2004）；靜態圖像的學習成效優於動態圖像（徐易稜）：提供教師們與媒體製作者參考。

參考文獻

王全世（2000）。資訊科技融入教學之意義與內涵。**資訊與教育**，**80**，23-31。

王靖婷（2009）。大學國文教學面面觀：相關研究之回顧與展望。**通識學刊：理念與實務**，**1**（4），139-171。

吳志鏗（2008）。網站輔助學生歷史學習的理念與實際—以教育部歷史文化學習網（http://culture.edu.tw）為例。**歷史教育**，**13**，1-22。

吳明隆、涂金堂（2012）。**SPSS 與統計應用分析**。台北市：五南。

吳瑞源、吳慧敏（2008）。動畫教材之學習者控制播放模式與多媒體組合形式對學習成效與學習時間影響之研究。**師大學報：科學教育類**，**53**（1），1-26。

李永忻（2016）。經典動畫詩意世界 現場音樂再掀感動《佳麗村三姊妹》電影音樂會。**PAR 表演藝術雜誌**，**227**，20-21。

周衡儀、吳佩芬（2015）。動畫電影中女性英雄之角色性格與造型探討。**藝術論文集刊**，**25**，75-98。

林清山（2014）。**心理與教育統計學**。台北市：東華。

信世昌（1994）。國文教學的本質與多媒體設計。**教學科技與媒體**，**16**，45-51。

徐易稜（2001）。**多媒體呈現方式對學習者認知負荷與學習成效之影響研究**（碩士論文）。國立中央大學，桃園市。

張春興（2013）。**教育心理學—三化取向的理論與實踐**。台北市：東華。

張景媛（1991）。大學生認知風格、動機與自我調整因素、後設認知與學業成績關係之研究。**教育心理學報**，**24**，145-161。

張霄亭（主編）（2004）。**教學原理**。台北縣：空中大學。

陳忠信（2004）。秀出魅力四射的創意國文—多媒體影片製作在國文教學上的運用，**人文及社會學科教學通訊**，**14**（6），178-190。

陳奕璇、陳昱宏（2015）。電子繪本之多元媒材設計與編排閱讀性探討。**工業設計**，**132**，24-27。

陳密桃（2003）。認知負荷理論及其對教學的啟示。**教育學刊**，**21**，29-51。

陳彙芳、范懿文（2000）。認知負荷對多媒體電腦輔助學習成效之影響研究。**資訊管理研究**，**2**（2），45-60。

陳徵毅（2005）。國文教學改進之道。**國教輔導雙月刊**，**44**（5），19-23。

曾堃賢（2016）。讀・享：揭開閱讀繪本的奧秘。**全國新書資訊月刊**，**207**，i-i。

黃一泓、虞翔（2014）。不同範例與解題組合對初學者在學習上的影響。**教育心理學報**，**45**（4），497-515。

楊玲惠、翁頂升、楊德清（2015）。發展數位教材輔助學生學習之研究—以科大學生之統計教學課程為例。**臺灣數學教育期刊**，**2**（1），1-22。

楊錫彬（2016）。動畫的品牌行銷之探討—以小小兵動畫為例。**中國廣告學刊**，**21**，82-97。

葉人傑、王藍亭（2015）。以動畫圖像探討臺灣文化元素之視覺傳達。**中華印刷科技年報**，235–250。

董家莒、張俊彥、蕭建華、戴明國（2001）。多媒體電腦輔助學習歷程對學生地球科學學習成就之影響。**師大學報：科學教育類**，**46**（1-2），43-64。

詹海雲（1994）。大學國文教學的回顧與前瞻。**人文及社會學科教學通訊**，**5**（3），45-60。

蓋琦紓（2010）。生命美感與文學讀解—大一國文課程的教學設計。**高醫通識教育學報**，**5**，1-14。

蔡銘津、何美慧（2016）。可預測性故事之英語繪本及其在英語教學上的應用。**人文社會電子學報**，**11**（2），93-111。

賴玉釵（2015）。圖像敘事之跨媒介改編與美感接收端詮釋之分析面向初探：理論視角之反思。**教育資料與圖書館學，52**（4），451-504。

錢昭萍（2011）。**幻說六朝—中國古典小說中的奇幻世界**。台北市：五南。

羅鳳珠（1993）。探一探以多媒體觀念製作國文教材的路—紅樓夢多媒體系統介紹。**國文天地，9**（4），97-103。

蘇金豆（2013）。應用概念圖引導與動畫輔助技專生化學問題解決能力之探究。**教育傳播與科技研究，103**，37-60。

吳振能、傅世良、陳營生（譯）（2008）。**性格型態**（原作者：D. R. Riso）。台北市：遠流。（原著出版年：1996）

李乙明、李淑貞（譯）（2005）。**創造力Ⅱ：應用**（原作者：R. J. Sternberg）。台北市：五南。（原著出版年：1998）

Acar, C. & Diken, I. H. (2012). Reviewing instructional studies conducted using video modeling to children with autism. *Educational Sciences:Theory & Practice. 12*(4), 2731-2735.

Baddeley, A. D. (1999). *Essentials of human memory.* East Sussex, England: Psychology Press.

Bangert-Drowns, R. L., Kulik, J. A., & Kulik, C. L. C. (1985). Effectiveness of computer-based education in secondary schools. *Journal of Computer-Based Instruction, 12*(3), 59-68.

Blakeslee, T. R. （1980). *Right brain: A new understanding of our unconscious mind and its creative power.* New York, NY: Doubleday.

Bloom, B. S. & Krathwohl, D. R. (1956). *Taxonomy of educational objectives: The classification of educational goals, by a committee of college and university examiners. Handbook 1: Cognitive domain.* New York, NY: Longmans.

Bruhn, S. (2010). Penrose, 'seeing is believing': Intentionality, mediation and comprehension in the arts. In L. Elleström (Ed.), *Media borders, multimodality and intermediality* (pp. 137-149). New York, NY: Palgrave Macmillan.

Brüken, R., Plass, J. L., & Leutner, D. (2003). Direct measurement of cognitive load in multimedia learning. *Educational Psychologist, 38*(1), 53-61. doi:10.1207/S15326985EP3801_7

Chuang, H., & Ku, H. (2011). The effect of computer-based multimedia instruction with Chinese character recognition. *Educational Media International, 48*(1), 27-41. doi:10.1080/0952398 7.2011.549676.

Clark, R. C., & Mayer, R. E. (2011). *E-learning and the science of instruction: Proven guidelines for consumers and designers of multimedia learning.* San Francisco, CA: John Wiley & Sons.

Dexter, S. L., Anderson, R. E., & Becker H. J. (1999). Teachers' views of computers as catalysts for changes in their teaching practice. *Journal of Research on Computing in Education, 31*(3), 221-239. doi:10.1080/08886504.1999.10782252

Dias, L. B. (1999). Integrating technology: Some things you should know. *Learning & Leading with Technology, 27*(3), 10-13, 21.

Dudek, S. Z., Berneche, R., Berube, H., & Royer, S. (1991). Personality determinants of the commitment to the profession of art. *Creativity Research Journal, 4*(4),, 367-389. doi:10.1080/1040041910953 4412

Ediger, M. (1997). *Affective objective science curriculum.* Avilable from ERIC database. (ED 412070).

Ellis, H.C., & Hunt, R. (2005). *Fundamentals of cognitive psychology*. Madison, England: Brown & Benchmark Publishers.

Gibbons, A. (2010). The narrative worlds and multimodal figures of House of Leaves: find your own words; I have no more. In M. Grishakova & M. Ryan (Eds.), *Intermediality and storytelling* (pp. 285-311). New York, NY: De Gruyter.

Grishakova, M., & Ryan, M. (2010). Editors' preface. In M. Grishakova & M. Ryan (Eds.), *Intermediality and storytelling* (pp. 1-7). New York, NY: De Gruyter.

Hicks, B., & Hyde. D. (1973). Teaching about CAI. *Journal of Teacher Education, 24*(2), 120-125. doi: 10.1177/002248717302400209

Holland, J. L. (1973). *Making vocational choice: A theory of careers.* englewood cliffs, NJ: prentice-hall.

Krathwohl, D. R., Bloom, B. S., & Masia, B. B. (1964). T*axonomy of educational objectives : The classification of educational goals. Handbook II: Affective domain*. New York: Longman.

Kuo, F. O., Yu, P. T., & Hsiao, W. H. (2013). Develop and evaluate the effects of multimodal presentation system on elementary ESL students. *The Turkish Online Journal of Educational Technology, 12*(4), 29-40.

Mayer, R. E. (2001). *Multimedia learning*. New York, NY: Cambridge University press.

Mayer, R. E. (2009). *Multimedia learning, second edition*. New York, NY: Cambridge University Press.

Mayer, R. E., & Moreno, R. (2003). Nine ways to reduce cognitive load in multimedia learning. *Educational Psychologist, 38*(1), 43-52. doi:10.1207/S15326985EP3801_6

Mehlinger, H. D. (1996). School reform in the information age. *Phi Delta Kappan, 77*(6), 400-407.

Paas, F., Renkl, A., & Sweller, J. (2003). Cognitive load theory and instructional design: Recent developments. *Educational Psychologist, 38*(1), 1-4. doi: 10.1207/S15326985EP3801_1

Pesut, D. J. (1990). Creative thinking as a self-regulatory metacognitive process - A model for education, training and further research. *The Journal of Creative Behavior, 24*(2), 105-110. dio: 10.1002/j.2162-6057.1990.tb00532.x

Pintrich, R. R., & DeGroot, E. V. (1990). Motivational and self-regulated learning components of classroom academic performance. *Journal of Educational Psychology, 82*(1), 33-40. doi: 10.1037/0022-0663.82.1.3

Rieber L. P., Boyce, M. J., & Assad, C.(1990). The effects of computer animation on adult learning and retrieval tasks. *Journal of Computer-Based Instruction, 17*(2), 46-52.

Selznick, B. (2011). *The Hugo movie companion: A behind the scenes look at how a beloved book became a major motion picture.* New York, NY: Scholastic Press.

Sternberg, R. J., & Lubart, T. I. (1993). Creative giftedness: A multivariate investment approach. *Gifted Child Quarterly, 37*(1), 7-15. doi: 10.1177/001698629303700102

Su, K. D. (2008a). An integrated science course designed with information communication technologies to enhance university students' learning performance. *Computers & Education, 51*(3), 1365-1374.

Su, K. D. (2008b). The effects of a chemistry course with integrated information communication technologies on university students' learning and attitudes. *International Journal of Science and Mathematics Education, 6*(2), 225-249. doi: 10.1007/s10763-006-9062-7

Su, K. D. (2011). An intensive ICT-integrated environmental learning strategy for enhancing student performance. *International Journal of Environmental and Science Education, 6*(1), 39-58.

Sweller, J. (2004). Instructional design consequences of an analogy between evolution by natural selection and human cognitive architecture. *Instructional Science, 32*(1-2), 9-31.

Sweller, J. (2010). Element interactivity and intrinsic, extraneous, and germane cognitive load. *Educational Psychology Review, 22*(2), 123-138.

Sweller, J., Van Merrienboer, J. J. G., & Paas, F. G. W. C. (1998). Cognitive architecture and instructional design. *Educational Psychology Review, 10*(3), 251-296. doi:10.1023/A:1022193728205

Thompson, A. D., Simonson, M. R., & Hargrave, C. P. (1996). *Educational Technology: A Review of the Research*. Bloomington, IN: The Association for Educational Communications and Technology.

West, R. E., & Graham, C. R. (2005). Five powerful ways technology can enhance teaching and learning in higher education. *Educational Technology, 45*(3), 20-27.

作者簡介

錢昭萍 1*，嶺東科技大學通識教育中心，講師（實驗設計、籌備、執行 & 論文寫作、製表、版面設計、校稿、改稿、聯絡）

Chao-Ping Chien is a Lecturer of General Education Center, Ling Tung University, Taichung, Taiwan. (Corresponding Author)

黃國豪 2，嶺東科技大學資訊網路系，副教授（研究設計、論文指導）

Gwo-Haur Hwang is an Associate Professor of Department of Information Networking and System Administration, Ling Tung University, Taichung, Taiwan.

梁麗珍 3，嶺東科技大學財政系，副教授（數據統計）

Li-Jeng Liang is an Associate Professor of Department of Public Finance, Ling Tung University, Taichung, Taiwan.

李琛瑜 4，嶺東科技大學資訊網路系，副教授（論文諮詢）

Chen-Yu Lee is an Associate Professor of Department of Information Networking and System Administration, Ling Tung University, Taichung, Taiwan.

王羽萱 5，臺北教育大學數學暨資訊教育學系，碩士生（研究助理）

Yu-Syuan Wang is a Graduate Student of Master Program of Department of Mathematics and Information Education, National Taipei University of Education, Taipei City, Taiwan.

（本章刊登於人文社會學報第 12 卷第 4 期_2016 年 12 月，ISSN：1819-7205）

第二章 國文教學——
多元教學對學生學習國文的影響

摘　要

　　本研究採前後測設計的準實驗法，檢視多元教學融入國文課程，對不同學院與性別的學生學習態度與學習成效之影響。實驗對象為台灣中部某科技大學日間部設計學院、資訊學院、管理學院、財經學院各一班大一新生，研究者以自製的動畫、繪本、詩畫PPT，和網路考古、文物圖片，及與課程相關之短片，配合課程的進度與內容，穿插融入學期課程。並以期初國文統一會考為前測、期末考線上測驗為後測，施測同時，皆帶領學生上數位學習平台各填寫一份學習態度問卷，而得到205份有效樣本。以 t 檢定、雙因子共變數分析等統計方法檢定資料之結果顯示：四學院與不同性別的學生期末較期初的學習態度有顯著的進步；管理學院與財經學院的學習態度皆優於資訊學院的學生；管理學院的學習成效優於其他三學院的學生，財經學院的學習成效優於資訊學院的學生；女生的學習態度與學習成效皆優於男生。因此，教師們應精心設計教學內容與教學方法，以吸引所有學生的專注力，並提升學習成效。

關鍵字：多元教學、性別、科技大學生、學院、學習態度、學習成效

Chapter Two: Chinese course teaching-
Influence of Multiple Teaching Methods on Students'
Chinese Learning Outcomes

Abstract

With a quasi-experimental approach implemented by a pre-test and post-test, this study aims to explore the impact of multiple teaching methods on the learning attitudes and effectiveness. This study intends to find if there are significant differences between genders and colleges. The experimental subjects are one class of freshmen from each of the four colleges (Design College, Information College, Administration College and Finance College) of an university of science and technology in the middle of Taiwan. The researcher uses self-made animation, picture book, poetry-picture PPT, network, photos and related films to match the curriculum. The subjects take a pre-test, a mid-term unified examination taken by all freshmen, and a post-test, the final on-line examination taken by all freshmen. Also, they have to fill a questionnaire on-line after the pre and post tests respectively. Two hundred and five valid samples are collected. T test, two-way ANCOVA are used to analyze the collected data. The results show students' learning attitude and test scores have significant enhancement at the end of a semester, learning attitudes of students in the Administration College and Finance College are better than those of students in

Information College.　As to learning effectiveness, students of the Administration College are the best.　Students of finance perform better than those of Information College.　On learning attitudes and effectiveness, female students perform better than male students.　Thus, teaching methods should be well-designed to attract their attention and elevate their learning effectiveness.

Keywords: multiple teaching methods, gender, technology students, college, learning attitudes, learning effectiveness

第一節、前言

一、研究動機與目的──探討國文多元教學的學習效果

　　資訊科技的進步，帶動了數位學習的風潮，它改變了教師的教學模式，也改變了學生的學習方法。資訊科技融入教學，使教師得以將多元的圖像式媒體融入課程，亦可將網路豐富的教學資源引進教室。動畫、繪本、PPT、網路圖片，及與課程相關之短片，皆可配合課程的進度與內容，穿插融入學期課程。尤以網路迅速而強大的搜尋功能，使教學藉科技媒體的運用，得以探索、建構、整合知識（李佳蓉，2016）。而國文教學的本質，涵蓋歷史、地理、音樂等知識，多媒體結合影音的特性，正可使國文課程呈現具體生動的風貌（信世昌，1994）。故當今大學國文的教學，可借助發達的網路資訊，帶領學生進入文學、藝術、考古的原鄉，以視覺、聽覺的臨場感受，深刻體認文學、藝術的原創情境。因而國文不再只是以抽象文字表達情意的呆板課程；多媒體視訊和圖像式媒體的導入，儼然建構了一座改進國文教學的殿堂，引領學生悠遊於圖像與文字結合的園地，以嶄新的情境體驗，重建豐富多彩的國文背景知識。故研究者近年來一直嘗試以多元教學的方式，將圖像式媒體與網路資源穿插融入國文課程，以提升學生的學習情意。而多元教學相較於傳統線性式的講述教學，對科技大學不同學院（學習領域）與性別的學生之學習情意影響如何？其學習的具體成效又如何？透過期初、期末學生認知與情意的表現，正可探究傳統教學與多元教學分別對學習的影響；此二者的實徵效果，即研究者欲藉以作為教學反思與改進教學的研究動機。

　　本研究融入課程的多元教學媒體包括動畫、繪本、PPT，以及和課程相關之網路圖片與短片。動畫是利用誇張手法來呈現物件或人物特徵（Sebastian, Hsu, & Lu, 2014）的視覺藝術，從情節、場景設計，到角色造型與行為設計，都充斥著想像、誇示、變形、顛覆、無厘頭所帶給人們的樂趣與藝術魅力（楊錫彬，2016），揉合成一個天真、幽默、寓意深沉卻又充滿奇幻詩意的聲光饗宴（李永忻，2016）。繪本是以圖像的線條、用色、佈局、情境，來表達前後呼應的連貫性說故事效果（李依娟、陳儀娉、王慧禎、謝倍珊，2016）；其表現型態與內容之廣泛、多元，藉視覺傳達的功能，使教學者期藉以提升學生的創造力，並引起學習動機（段承汧、歐陽闇，2016）。PPT（簡報）是一種普及的視聽資訊軟體，其功能可將教材設計成圖文結合的靜態或動態圖像，不受時空限制地傳達具體、真實的訊息，有助於提升學生的注意力，引發學習動機（簡秋蘭、張瀝分，2011），並協助學生瞭解教學內容，建構更清晰、明確的知識，且帶動其學習態度與學業成績之改善（吳金聰、劉曼麗，2013）。而網路科技的創新應用及其對資訊傳播之便利性，透過容易理解且易高度分享的網頁資訊，可適時以虛擬、互動方式，因應需求以提供新興且多元之悅趣資訊（Nieuwboer, Fukkink, & Hermanns, 2014）。網路溝通的主要特性，即在於促進不同資訊之同步與非同步傳播模式，提供悅趣性與實務性的多元資訊，協助使用者跨越時空距離而有效地傳遞訊息，並展現專家回饋及實務應用的效益（陳儒晰，2016）。故就教學與學習而言，動畫、繪本、PPT，以及和課程相關之網路圖片與短片，皆是引發學習興趣或拓展學習視野的多元教學媒體。

　　男女因先天的生理差異，導致社會賦予兩性不同的價值判斷：寄予男性勇敢、養家的期許，期望女性溫婉、持家的角色。傳統社會便依性別來分配勞動，即人類有效組織社會生活的性別分工：女性負責生養相關的活動，如：生育、撫育和照顧老人；男性負責生存有關的勞動，如：打獵、畜牧、農耕等。現代社會性別分工依然存在，但已從組織勞動，逐漸成為一種意識型態：社會將不同性別的人分配到不同的生活機能、工作機會和場所等社會位置上（佟新，2005；林聖欽、高淑郁，2014）。這突顯了性別與社會學習連結的可能性，也有助於教師認識日常週遭性別化空間及其內涵，作為研究性別能力之參考。性別能力可否透過教育進行培養與提升？傳統性別角色期待與性別刻板印象是否深遠地影響著學生的學習（陳心怡、童伊迪、唐宜楨，2014）？據 Barnea 與 Dori（1999）的電腦化分子建模實驗教學研究，發現女生的語文論證（verbal argument）成就高於男生。Sullivan（2009）的學業能力表現與性別關聯研究，亦發現男生對數學及科學有較好的自我概念，女生對語文有較佳的自我概念。而兩性學生對多元教學融入國文課程的認知（學習成效）與情意（學習態度）是否會有差異，亦是研究者欲藉以探討改進國文教學的研究動機。

　　本研究以學院與性別為自變項，而以學習態度與學習成效為依變項的原因，在於探討多元教學（操弄變項）融入課程，對科技大學不同學院與性別的學生，是否皆能因多元、豐富而趣味性的教學內容，改善其對傳統國文課的低落士氣，而修正其課堂、課後的學習態度？多元教學相較於傳統講述文言文的教學方式，其學習效果如何？學生的學習表現，是否因學院與性別而有所差異？而本研究所探討的學習成效，乃以期初統一會考為前測，期末考試為後測，探討學生整學期學習成就之表現。

二、研究問題——

多元教學對不同學院與性別的學生學習之差異

　　1990年代高等教育政策開放，技職體系的專科學校紛紛改制成技術學院，旋繼陸續升格為科技大學。1996年行政院教改會公布「中華民國教育改革總諮議報告書」，以「多采多姿，活潑創新」為現代教育的方向，宣告了創新教學時代的來臨（陳冠蓉，2013）。運用學生認為有趣的教學活動，提升其學習動機，誘發其自學能力，實為重要的教學方法和目標。學生需要從教師得到鼓勵及活潑有趣的學習經驗，促使自己延續學習的動力（李欣欣，2016）。為因應技職校院不同學院、不同性別的學生學習背景與學習歷程之差異，國文課程多元化與活潑化之發展，成為提升學習動機、改善學習態度，提振學習成效的教學策略。然而各學習領域的學生專業素養不同；其對國文課文字、語言的線性教學方式，或多元媒體融入課程的非線性教學方式，各學院的學習態度與學習成效是否會有差異，乃關乎改進教學的一項課題。

　　中華民國《憲法》第七條明訂：「**中華民國人民，無分男女、宗教、種族、階級、黨派，在法律上一律平等。**」（制憲之國民大會，1946）〈性別平等教育法〉第一條亦載明：「**為促進性別地位之實質平等，……厚植並建立性別平等之教育資源與環境，特制定本法。**」（教育部，2013）然就性別角色而言，傳統社會期待於男性多屬能力、成就、獨立等有關工具性或主動性的特質；期待於女性則屬服從、依賴、溫馴，及有關人際情感表達的特質（何英奇，1981；李美枝、鍾秋玉，1996）。個體在社會化歷程中，自我概念受性別角色的不同期待，使男生傾向於陽剛、豪放的形象，女生傾向於溫柔、細心的特質（林雅馨、程瑞福，2014）。而父母不同的教養態度、工作對女性的限制、婚姻或子女對女性生涯發展的影響，使兩性生涯呈現不同的面貌與多樣性（Betz, 1994）。

　　故本研究的研究問題，是對某科技大學不同學院的大一新生，實施多元教學（多媒體動畫、數位繪本、詩畫 PPT、網路圖片與短片）融入國文課程，並以上學期期初的國文統一會考與學習態度問卷為前測，期末考試與學習態度問卷為後測。在教師、教學時數（扣除期中、期末考試週，一學期 16 週，每週上課兩小時）、教材、教學媒體、教學方式與教學進度皆相同的條件下，交叉分析期初、期末的問卷與測驗，以探討多元教學融入課程，對不同學院與性別的科技大學生認知（學習成效）與情意（學習態度）之影響。研究方向包括下列兩個研究問題：

（一）探討多元教學融入課程，對不同學院與性別的學生之學習態度的影響。
（二）探討多元教學融入課程，對不同學院與性別的學生之學習成效的影響。

　　分析以上四學院學生的量化資料，可探討多元教學融入課程，對不同學院與性別的學生學習表現之差異，在教學上的意義與因應策略。因此，根據以上兩個研究問題，形成本研究的四項研究假設：

（一）多元教學融入課程，對不同學院的學生之學習態度具正面影響。
（二）多元教學融入課程，對不同性別的學生之學習態度具正面影響。
（三）多元教學融入課程，對不同學院的學生之學習成效具正面影響。
（四）多元教學融入課程，對不同性別的學生之學習成效具正面影響。

　　檢定以上研究假設，希望能建構科技大學不同學院與性別的學生，對國文課改進教學的多面向回饋之結論。

三、研究限制──國文多元教學的樣本數問題

　　本研究的研究對象，為台灣中部某科技大學四學院各一班共 214 位大一新生，而得到參與期初、期末問卷與測驗的 205 份填答完整之有效樣本。穿插融入學期課程的多元教學媒體，包括本研究自製的多媒體動畫、數位繪本、詩畫 PPT，和網路考古文物圖片，及與課程相關之短片。由於施測的班級、人數、資質，與籌備數位教材的人力、時間、媒材等限制，各項條件既無法周全，研究結果自無法作廣泛推論。本研究側重於探討多元教學對不同學院與性別的學生學習態度（情意）與學習成效（認知）之影響。至於其他教學目標，則非本研究的研究範疇。

第二節、文獻探討

一、多元教學的相關研究

　　認知學派認為，學習是知識的習得。認知心理學則認為，學習是知識的建構（張景媛、呂玉琴、何縕琪、吳青蓉、林奕宏，2002）。傳統教學以「教」為中心，教師靠「講課」傳遞知識給學生。Gardner（1983）提出多元智能理論，認為人人都具有多方面的學習能力，如：語文、音樂、數學／邏輯、空間、身體動覺、內省、人際、自然等智能；但每個人擅長的能力並不相同。如果教師能運用學生擅長的能力來引導其學習，可減低其學習困擾，促進其學習效果（吳武典，2008；張景媛等，2002）。故教師應了解學生們的不同能力，設計多元的教學策略，讓學生們從適合自己的教學活動去學習，以自行建構知識。

　　Vygotsky（1978）認為教師應掌握學生的學習狀況，給予適當的引導，如示範、增強、回饋、高層次思考等策略的介入，讓學生發展出更高層次的心理歷程，促進其學習表現。Shulman（1986）則提出，教學內容應包含示範、類比、闡述、澄清等活動，使「內容知識」變成學生能理解領悟的內容。而「課程知識」是針對不同階層的不同學習者，設計不同的課程內容來予以教導。張景媛等（2002）則認為教師應尊重學生的多元智能和思考型態，設計不同的教具、活動及策略，引導學生經由思考、辨別和歸納等歷程，獲得知識。而李欣欣（2016）則透過實務體驗教學法與簡報教學法，發現學生對兩者的學習滿意度評價皆很高；而歸結到不同教學法各有其價值，不同教學法在同一課堂中可相輔相成，共同提升學習成效。

　　根據鄭瑞洲、洪振方與黃台珠的研究（2013），提升學生的情境興趣之多元教學策略，依序為「動手做實驗、接觸真實情境、教具示範、舉生活實例及多媒體教學」。其中多媒體教學乃以電腦結合文字、圖片、視訊、聲音、虛擬實境等各種媒體，製作簡報、3D 建模、電子書、電子白板，透過行動裝置、雲端系統等（梁育維、陳芳慶，2015），成為科技整合跨領域、跨學科的重要教學工具。而網際網路跨越時空限制與高互動虛擬特性，及網路工具的悅趣性與易用性，可協助學生認知線上課程的學習價值，開啟其使用和參與網路工具的意願，提供師生與同儕回饋或省思，以有效管理學習進程和增進學習表現（Chesney & Marcangelo, 2010）。故網際網路成為許多大學促進優質教學與提升學習成效的重要教學工具，學生可透過此工具融入學習活動、鑲嵌學習圖像、建構學習內涵，並提升認知發展（陳儒晰，2012）。

　　多元教學應用於大一國文的文獻極少。陳秋虹（2006）以課堂講課、口頭報告、戲劇表演、電腦輔助教學融入技專校院的國文課，是常見的多元教學模式。王靖婷（2007）以八大智能的不同面向，引導學生們以多元管道欣賞古典詩歌的美感情意，亦不失為良好的教學範例。

二、圖像式媒體與網路資源應用於大學國文教學的相關研究

科技與人文的整合，提供了教育多元的可能性；素來以語言、文字等線性方式教學的大學國文課程，因資訊科技的融入，多元的圖像式媒體與豐富的網路資源，拓展了教學與學習的場域，無限延伸至歷史、地理縱橫古今的時空。網路的考古實景、動畫繪本的擬真作品，都賦予課程深刻、生動的臨場感；視覺經驗配合文本閱讀，使古典文學得到嶄新的詮釋而復甦。

繪本（picture book）源於日本對圖畫書的指稱（陳素杏，2009），是以圖畫為主、文字為輔，甚至完全沒有文字，以圖說故事或傳遞訊息的書籍（Scheinkman, 2004）。它可用視覺享受圖像的美感，並感受文字的優美（林語蓁、賴春金，2012）。繪本中的故事是一種記憶結構，使新舊經驗易於連結而產生學習。故事可幫助學生理解概念，所以從建構、視覺學習、全語文和社會化理論的啟示，使用繪本可發展適合的教學活動（劉淑雯，2004）。繪本應用於中小學教學實務方面，以兒童啟蒙教育（莊美玲，2015；陳儒晰，2015）及英語教學較為普遍（蔡銘津、何美慧，2016）。繪本應用於大學教育的文獻極少，亦以英語教學（黃琬婷，2012；洪于婷，2012）為主；國文教學則付之闕如。

動畫（animation）是一種具有時間性和空間性的數位表演藝術（黃祺惠，2016），它讓無生命的物件產生動態幻影，利用人類「視覺暫留」原理，形成動態幻覺（鍾文淵，2009）。它藉影像敘事重新組合靜態圖像框格，讓觀眾能更流暢地瀏覽影像畫面（Carroll, 2001）。動畫可透過連續性畫面，將課程內容活潑化、趣味化，使學生更有興趣參與教學活動；學生亦可利用動畫輔助教材重複練習，對學習概念的理解能有所提升，並進而提高學習成

效。因此，在整體學習滿意度與學習成效方面，動畫融入教學皆優於傳統教學模式（盧詩韻、林鼎文，2013）。動畫應用於中小學教學實務方面，以兒童啟蒙教育（謝寶櫻，2014）、生命教育（王如玫，2012）、成語教學（蔡青育，2014）、歷史教學（張思潔，2015）、幾何教學（林曉汶，2016）有研究文獻可考；動畫應用於大學教育方面，以通識（陳慧雯，2011）、英語（王嬿惠、羅承泓、鮑惟豪、謝秉叡，2011）、體育（張厥煒、葉志仙、吳羿柏，2012）、化學（蘇金豆，2013）、統計學（楊玲惠、翁頂升、楊德清，2015）等學科，亦有研究文獻可考；至於國文教學，則亦付之闕如。

簡報（Power Point, PPT）是資訊融入教學最普及的軟體（譚寧君，2007），它容易取得、操作與修改，且容易用來設計教材、協助教學。它可將抽象的知識與概念以圖片或動畫呈現，具有「圖像表徵」的功能；故可提供真實或有趣的情境和生活連結，協助教師提升教學品質（吳金聰、劉曼麗，2013）。它可使用美觀的設計，製作豐富的動畫效果及 3D 模型和圖示，甚至插入電影或動畫，故可讓使用者盡情發揮創意。其智慧型技術，能讓簡報生動活潑。而其圖文並茂、影音俱陳的優點，可協助學生以具象方式學習抽象的知識和概念，以提高學習效果。簡報應用於教學實務方面，因各教育階段、各學校系所，乃至各大學學科，皆使用廣泛，故茲不贅述。

網際網路（Internet）是一種虛擬的多對多超媒體傳播環境（Hoffman & Novak, 1996），它可與數位科技共創經驗，以教育學習者（Horton, 2001）。研究顯示（梁志平、佘曉清，2006），使用建構主義式的網路學習模式，不論在學習成效或學習效果的保留上，皆質優於傳統教學模式。而網路的「自由與開放」，對教育價值觀也產生了革命性的改變：各種工具及平台的建置，將數位教學與學習引進學習環境；這對資訊自由、分享與開放，影響深遠。

　　因此網際網路已成為數位學習的媒介，它可增加教學工具與資源取得的途徑，並能強化教學與學習，提高學習者的動機與成效，而易於達成學習目標（張瑞剛、吳宗禮、張敦仁，2014）。故自 90 年代 Internet 的快速普及，知識可透過網路「參與、互動與分享」。例如 2001 年起，世界首屈一指的美國麻省理工學院（MIT）將其所有課程的相關教材上網，以「開放式課程網頁」（MIT opencourseware, MIT OCW），提供免費而開放的教育資源，供全世界各地的機構、學者和學生使用。自此，全世界都能同步分享使用這所世界頂尖學府超過一千八百門課程的教材；這項創舉，對資訊自由、分享與開放理念的推動，影響甚巨。全球七所一流學府如哈佛、東京等大學亦都已加入此稱為 OOPS（opensource opencourseware prototype system）的聯盟；我國的交通大學、台北醫學大學、台灣師範大學等知名大學，亦積極建置開放式課程（張瑞剛等）。尤其近年來因電腦虛擬化的成功與智慧型手機和平板的普及，使網路的發展更進一步到雲端（clouding computing）環境（潘東名，2015）。透過雲端服務，各種媒體對各學科的教學與學習皆有提升作用，故其應用於大學教育，更為廣泛。但其應用於大學國文教學的研究文獻，則付之闕如。

　　在視覺文化為導向的時代，圖像敘事之呈現與媒體組合形態，頗值得關切（Nikolajeva & Scott, 2006）：文本可藉跨媒介敘事，再延展為不同類型的媒體，以提供多元體驗管道（Jenkins, 2006）。而多媒體融入學習環境（Su, 2008a, 2008b）、網路科技融入學習課程（Own, 2010），不僅對學生的學習動機與興趣造成衝擊，同時也能增進學習態度與學習成就之提升（蘇金豆，2013）。故研究者嘗試以多媒體動畫、數位繪本、詩畫 PPT 等圖像式媒體，與網際網路資源穿插融入課程，期能提振學生們對大學國文課的學習動機與學習態度，進而能提升其學習成效。

三、學習態度的相關研究

張春興（2000）認為，態度是個人對人、事、物的思想與判斷，所產生的一種相當持久性的行為傾向。而學習態度則是學習者在學習情境中，受到學校、課程、教學、環境、同學及自我等刺激的影響，所產生的行為傾向。個人投入學習的直接行為與心理特質，會影響學習成效。例如：努力、學習方法、學習策略、學習態度、應試技巧、自我效能等，都是影響學習成效的因素之一（Hammouri, 2004; Wilkins, 2004）。其中學習態度（主動學習）和自我教育期望，對學習成效具有一定的影響（林寶貴、錡寶香，1992；Schunk, 1991）。吳武典（1998）認為，學生對學習情境的喜愛程度，會影響其主動學習的程度，進而影響其學習成效。王正婷（2007）利用 TEPS 資料庫所做的分析亦發現，學生有較積極的主動學習態度，其學業成就較好。蕭佳純、董旭英與饒夢霞（2009）則認為，教育期望較高的學生，較能保持較高的自治與堅持度。因而，學生的學習態度（包含主動學習與教育期望）可能對學習成效產生直接影響。

根據吳耀明（2010）的研究，教材多樣化、媒體多元化，較傳統教學對學生的學習態度，有顯著差異。根據陳羿伶（2011）的研究，使用分組或混合式（多元化）的教學方式，能有效提升學習者的學習態度。根據陳儒晰與邱方晞（2014）的研究，提升大學生參與課堂學習活動之融入程度，可引導其建立正向、積極、主動的學習態度。而梁育維與陳芳慶（2015）的研究結果，資訊科技融入教學在學習態度面向之整體成效，顯著優於一般教學。

由於資訊的便捷性、教學與學習內容的豐富性，及師生或同儕社群關係的影響（Chen & Tsai, 2007），網際網路跨越時空限制與高互動虛擬特性，使實體課程與教學實務有效增值。網路工具可用來蒐集與分析資料，並運用多元資訊操作行為來精熟相關思考以完成課業，達到預期的學習成效（Bates

& Khasawneh, 2007）。故網際網路對大學生的學習態度，具有數位學習革新行動與實踐的正向發展（陳儒晰，2012）。

上述國內外學者皆認為，教材多樣化、媒體多元化，及網際網路融入教學的多元教學法，乃科技發達的現代社會，提振學習態度的最佳教學策略。

四、會考的相關研究

先備知識是有效習得該領域知識的必備因素，或促進學習的重要因素（Clark, 1992; Carlson & Wright, 1993）。學習者在建構心智模型時，必須仰賴該領域的先備知識（Waern, 1990）。故先備知識較豐富的學習者，學習該領域的新知，較快速且有效。Mayer 與 Sims（1994）認為，學習者在執行認知任務時，適切的特定領域先備知識，可彌補能力的不足。Weinert（1989）亦發現，特定領域先備知識比智商更能解釋學習成效；而適切的教學設計，可有效減低先備知識差異造成的影響（陳明溥，2007）。故透過評量方式瞭解學生的先備知識，預測其學習成就，可作為補救教學及個別輔導的依據。

會考起源於美國高中畢業會考制度。美國自 1970 年代起，許多研究顯示：公立學校學生的學業成就有日漸滑落的趨勢。擔憂正規教育的高中畢業生對基本讀、寫、算能力水準低落，而發展出畢業會考，以考評學生的基本能力是否達到畢業應有的水準（翁婉慈、潘瑛如、李隆盛，2010）。畢業會考目的在鑑定學生的基本能力、找出需要補救之處、確保學生畢業或進入大學所需最低層次的能力、及利用外加刺激提升其學業成就（歐慧敏，2000）。

近年來，為提升教學品質而進行的課程改革，促使大一國文必須統一教學目標，訂定適合學生的基本能力指標及檢核機制，成為各大專校院必須推行的政策及執行的工作。為因應上述教學政策的變遷，藉由教學卓越計畫的執行，大一國文教學以閱讀和寫作為主軸，並以會考方式建立檢核機制，以

改善教學品質,提升學習成效(畢威寧、劉若緹、何修仁,2012)。本研究所依據的四學院各一班大一國文會考成績,取自本校 103 學年度上學期期初大一國文會考成績(研究者的授課班級);考試內容包括:1. 字形、字音、字義的認知程度,2. 詞彙與成語的理解程度。題型皆為選擇題,因其較具客觀性、學生方便作答、教師最能節省批改時間,執行單位亦容易統計成績數據。會考成績出爐後發現:四班受測學生的得分皆介於 32~92 分之間,班級平均分數皆介於 64.5~67.5 之間。成績末 5%的學生,則以補救教學、閱讀優質散文與書寫心得報告等措施,提升其國文程度。

五、性別與學習的相關研究

「性別」有「生物性別」(sex)與「社會性別」(gender)之分(葉至誠,2008)。「生物性別」是依染色體、賀爾蒙、性器官、生育力等生理構造來區分的男性或女性(宋鎮照,1997)。「社會性別」(gender)則是依不同社會的歷史、文化、宗教,所型塑的不同性別角色期待與性別特質(黃囇莉,2007;陳心怡等,2014;簡皓瑜、黃囇莉譯,2004)。我們的社會,往往認為男性化特質是粗獷、大而化之、不拘小節、喜怒形於外、缺乏耐性、主動、重理性;女性化特質是細緻、善解人意、溫柔體貼、含蓄內斂、具耐心、被動、重感情(胡興梅,2001;林雅馨、程瑞福,2014)。故性別角色是在社會文化中,眾所公認男/女應有的行為(張春興,2000);亦是社會文化情境下,對男女行為具有共同認可或接納的行為模式(黃文三,1996)。

資訊處理方面,學者們亦認為兩性差異明顯:Meyers-Levy(1989)認為,女性一般被視為完整而全面性的資訊處理者,男性則被視為特定而選擇性的資訊處理者。Park、Yoon 與 Lee(2009)認為,女性傾向對所有可能獲得的資訊做系統性的分析,男性則傾向對當下可得的資訊做直覺式的判斷

（梁朝雲，2014）。

　　兩性性別角色特質與資訊處理方式既南轅北轍，對兩性學生是否會造成學習的影響，是教育須關注的一項課題。據 Sullivan（2009）在學生的學業自我概念與性別的關聯研究，發現男生對數學及科學的自我概念較好，而女生對語文科目的自我概念較佳。Kuhn 與 Holling（2009）在推理能力對科學與語言的學業成就之影響研究，發現女生的語言表現較好，男生的科學與推理能力較佳。而蔡佩穎、張文華、林陳涌與張惠博（2013）就科學新聞論證之學習效益研究，發現在整體表現、辨識資料、引用根據與提出反駁等方面，女生的表現顯著優於男生。以上中外學者的研究成果，共同揭示了兩性學生因性別差異，導致學習能力（competence）與學習成效各異：即不同性別的學生，從事學習或工作時所具備的知識、技能、態度、經驗、價值觀與理解力等行為特質（白玉珠、徐南麗、汪蘋，1999），及其所獲致的學業成就，截然不同。因此，在試行不同教學策略時，教師應關注對兩性學生造成的影響，以營造包容兩性的教學環境（蔡佩穎等）。

第三節、課程規劃與媒體設計

　　本研究課程規劃與媒體設計，是研究者（國文教師）以相同教材、教學媒體、教學方式與教學進度，對四學院各一班大一新生，進行一學期 16 週共 32 小時課程，以呈現學習效果。目的在探討動態圖像、靜態圖像與網路資源穿插融入傳統講述式教學，對學生的學習態度與學習成效之影響。以下便依教學媒體與教學方式，說明如下：

一、傳統講述式教學

　　本課程第一種教學方式為「傳統講述式教學」，研究者依文本講述諸子、史傳、散文或小說授課，學生則以視覺（**文本＋板書**）＋聽覺（**講課**）進行學習；目的在讓學生體驗雙重感官單一訊息（**文字與語言**）的學習效果。

二、數位繪本式教學

　　本課程第二種教學方式為「**數位繪本式教學**」，本類數位教材，乃研究者為故事性課程而設計、製作。研究者依文本講述史傳或小說授課，同時播放昔日帶領學生繪製的數位繪本為教具，課程以看圖說故事方式進行，學生則以視覺（**文本＋板書＋靜態圖像**）＋聽覺（**講課**）學習；目的在讓學生體驗雙重感官多重訊息（**文字、圖像與語言**）的學習效果。繪本範例如圖 2-1 所示。

（張福行船野水邊，見一美女，便邀上船避雨過夜。三更雨停月出，發現身旁竟是隻大鼉！）

圖 2-1.　數位繪本範例

三、多媒體動畫式教學

本課程第三種教學方式為「多媒體動畫式教學」，本類數位教材，亦研究者為故事性課程而設計、製作。研究者依文本講述小說授課，同時播放昔日帶領學生繪製的多媒體動畫為教具。課程以看動畫、聽符合劇情的中國古典音樂，配合研究者講述故事的情境教學方式進行，學生則以視覺（動態圖像＋字幕）＋聽覺（音樂＋講課）學習；目的在讓學生體驗雙重感官多重訊息（文字、圖像與語言、音樂）的學習效果。動畫縮圖表列如圖 2-2 所示。

圖 2-2. 多媒體動畫範例

四、詩畫簡報式教學

本課程第四種教學方式為「詩畫簡報式教學」，本類數位教材乃研究者為詩詞教學而設計、製作，其中國畫乃商請國立某藝術大學副教授為研究者的課程所繪。研究者依文本講述詩詞授課，同時播放自製的 PPT 為教具。課程以欣賞唯美的詩畫意境方式進行，學生則以視覺（靜態圖像＋動態文字）＋聽覺（音樂＋講課）學習；目的在讓學生體驗雙重感官多重訊息（文字、圖像與語言、音樂）的學習效果。簡報範例如圖 2-3 所示。

圖 2-3. 詩畫簡報範例

五、網路圖片與影片輔助式教學

　　本課程第五種教學方式為「網路圖片與影片輔助式教學」，本類數位教材乃研究者為特定主題而蒐集、引用。研究者依文本講述特定主題授課，同時連結網路相關圖片或影片為輔助教材。課程以臨場體驗方式進行，學生則以視覺（靜態或動態圖像＋文字）＋聽覺（音樂＋講課）學習；目的在讓學生領會雙重感官多重訊息（文字、圖像與語言、音樂）的學習效果。網路圖片範例如圖 2-4 所示。

琴[2]　　　　　　　　　曾侯乙編磬（湖北省博物館藏）[3]

圖 2-4. 網路圖片範例

---

[2]　琴：圖片取自 http://baike.baidu.com/view/592458.htm
[3]　曾侯乙編磬（湖北省博物館藏）：圖片取自 Bianqing from Marquis Yi's tomb, Hubei Provincial Museum

第四節、量化研究流程

一、施測規劃

本研究實驗對象為台灣中部某科技大學四學院各一班大一新生，表 2-1 是問卷＆測驗施測表：研究班級有設計學院的班、資訊學院的班、管理學院的班，和財經學院的班。四學院學生皆以動畫、繪本、詩畫 PPT 和網路圖片與短片融入傳統講述式教學授課；期初、期末各以問卷與測驗施測，探討多元教學融入國文課程對不同學院與性別的學生學習之影響。

表 2-1　問卷＆測驗施測表

學院	N	有效樣本	期初會考（前測）	期末考試（後測）	課　程	教　室	教學方式
設計學院	55	53	2014 年 9 月 17 日（星期三）13:10~14:00	2015 年 1 月 7 日（星期三）10:30~12:00	本國語文（一）（必）	SY850	多元教學
資訊學院	50	48	2014 年 9 月 17 日（星期三）13:10~14:00	2015 年 1 月 8 日（星期四）10:30~12:00	本國語文（一）（必）	HT501	多元教學
管理學院	56	54	2014 年 9 月 17 日（星期三）13:10~14:00	2015 年 1 月 5 日（星期一）08:30~10:00	本國語文（一）（必）	BW205	多元教學
財經學院	53	50	2014 年 9 月 17 日（星期三）13:10~14:00	2015 年 1 月 8 日（星期四）13:30~15:00	本國語文（一）（必）	JY401	多元教學

二、研究工具

　　本研究學習態度問卷參考自 Hwang 與 Chang（2011）所採用的 Likert 六點量表問卷，共 8 題（含 1 題反向題）：問卷直譯後修改為國文課適用版，並於電腦教室作線上施測。本研究測驗卷，期初國文會考由通識教育中心統一命題，含字形、字音、字義及成語，共 50 題四選一單選題（前測）；期末考試則由研究者（任課教師）依教學進度與教材內容，設計 100 題四選一單選題，線上測驗時，由電腦隨機挑選 50 題施測（後測）；題目皆出自授課文本的導讀、註釋、注音、賞析等內容。前測用以了解學生的先備知識，後測則探討其學習成效。分析工具為 SPSS 22 統計軟體，以進行問卷與測驗的統計與分析。

三、施測流程

　　本課程的施測流程：期初——統一會考與學習態度前問卷，期末——期末考試與學習態度後問卷。研究者在電腦教室對學生們解說測驗與問卷的性質、施測目的、填答態度與線上施測的方法，請學生上網依序填答。測驗與問卷的電子檔，已先匯入本校數位學習平台。待施測統計完成後，再將前後問卷的結果，與期初、期末成績作交叉分析研究。

　　期初的學習態度前問卷，是用來了解學生對過去傳統國文教學的看法；前測驗（會考），是用來了解學生國文課程的先備知識。期末考試，則配合學校的評量制度與時間，以確認學生學期課程的學習成效。期末考同時，並實施學習態度後問卷，以分析學生們對課程的認知與情意。課程施測流程如圖 2-5 所示。

圖 2-5.　國文教學施測流程圖

四、研究工作流程

　　本研究於期末施測後，先後進行量化資料的統計與分析。首先於 214 份問卷＆測驗，剔除期初、期末有缺曠的 9 份不完整資料，而得到 205 份有效樣本，有效回收率 95.79%。再依本研究的研究問題，分別以 SPSS 22 之 *t* 檢定（T-test）與雙因子共變數分析（Two-way analysis of covariance）為統計方法，將前後問卷與測驗的結果交叉分析，以探討多元教學融入國文課程，對不同學院與性別的科技大學生學習態度與學習成效之影響，期能對大學國文改進教學，提出具體而富建設性之建言。

第五節、量化資料的分析與結果

一、問卷的信度與效度

首先分析有效問卷的信度：結果發現四學院學生的後問卷，在信度方面都相當良好。信度分析如表 2-2 所示。

表 2-2　信度分析摘要

後　問　卷（N=205）	*Cronbach's Alpha* 值
學習態度	0.930

本問卷因參考專家學者的文獻，並由研究者與偕同研究的一位統計專業教師、兩位科技專業教師，就內容進行三次反覆審查、討論與修訂，故問卷應具備優良的內容效度。本學習態度問卷有七題（不含反向題），因素分析發現每題因素負荷量皆大於 0.60，解釋變異量 56.72%。

二、本課程前後問卷的比較分析

為了探討多元教學融入課程，對四學院與兩性受課學生的學習態度之影響，首先以成對樣本 t 檢定，檢驗其前後問卷，結果發現：學期課程前後，(1) 四學院學生的學習態度之進步皆達顯著水準；(2) 兩性學生的學習態度之進步亦皆達顯著水準。這顯示多元教學融入課程，四學院與兩性學生的學習情意，較以往傳統國文教學，有著非常顯著的進步。分析結果如表 2-3、2-4 所示。

表 2-3　四學院前後學習態度成對樣本 *t* 檢定分析摘要

學　院	N	學　習　態　度				*t*
		前　測		後　測		
		Mean	*SD*	*Mean*	*SD*	
設 計	53	4.57	0.71	5.23	0.48	-5.61***
資 訊	48	4.49	0.44	4.90	0.49	-4.43***
管 理	54	4.65	0.43	5.40	0.50	-9.09***
財 經	50	4.55	0.43	5.28	0.57	-7.14***

***p<0.001

表 2-4　兩性前後學習態度成對樣本 *t* 檢定分析摘要

性　別	N	學　習　態　度				*t*
		前　測		後　測		
		Mean	*SD*	*Mean*	*SD*	
男	105	4.62	0.49	5.01	0.50	-6.43***
女	100	4.51	0.54	5.43	0.49	-12.56***

***p<0.001

三、多元教學對不同學院與性別的學生學習態度之影響

　　本研究以學院、班級為單位，為排除非隨機分派對實驗正確性的可能之誤差，並考慮學院與性別可能的交互作用對實驗結果之影響，故以下比較四學院與兩性學生學習態度後測與學習成效的統計，採雙因子共變數分析為統計控制之方法，以彌補無法做實驗控制之不足（林清山，2002），並控制共變項（前測）的干擾效果，以增加實驗的內在效度（吳明隆、涂金堂，2007）。

　　為了分析多元教學對不同學院與性別的學生學習態度之影響，以雙因子共變數分析檢驗其數據。然雙因子共變數分析須符合組內迴歸係數同質性檢定之假設，以確保共變項（前測）的控制效果在學院與性別的作用等同。因此先進行學習態度前測雙因子組內迴歸係數同質性檢定，結果顯示：學習態度前測在學院與性別的組內迴歸同質性檢定顯著性 0.547，未達顯著水準，即學習態度前測具有組內迴歸同質性，符合雙因子共變數分析之假設。

　　因此，繼續以雙因子共變數分析，檢定學院與性別對學習態度之影響。結果顯示：學院與性別無交互作用存在，但學習態度因學院而有所差異，也因性別而有所不同；事後比較發現：管理學院與財經學院的學生之學習態度，皆優於資訊學院的學生；女生的學習態度優於男生。分析結果如表 2-5、2-6 所示。

表 2-5　學院與性別對學習態度雙因子共變數分析摘要

變異來源	SS	df	MS	F	Sig.	η^2
前測態度	0.30	1	0.30	1.26	0.262	0.006
學院	6.58	3	2.19	9.25***	0.000	0.124
性別	5.69	1	5.69	23.97***	0.000	0.109
學院*性別	0.07	3	0.02	0.09	0.964	0.001
誤　差	46.49	196	0.24			
校正後全體	59.13	204				

***p<0.001　（學院*性別：學院與性別的交互作用）

表 2-6　學院與性別對學習態度雙因子共變數分析統計資料摘要

因子	組別	N	前測態度		後測態度				F	顯著性
					調整前		調整後			
			Mean	SD	Mean	SD	Mean	SD		
學院	設計	53	4.57	0.71	5.23	0.48	5.23	0.49	9.25***	0.000
	資訊	48	4.49	0.44	4.90	0.49	5.01	0.60		
	管理	54	4.65	0.43	5.40	0.50	5.36	0.51		
	財經	50	4.55	0.43	5.28	0.57	5.24	0.50		
性別	男	105	4.62	0.49	5.01	0.50	5.03	0.51	23.97***	0.000
	女	100	4.51	0.54	5.43	0.49	5.39	0.55		

***$p<0.001$

四、多元教學對不同學院與性別的學生學習成效之影響

為了分析多元教學對不同學院與性別的學生學習成效之影響，以雙因子共變數分析檢驗其數據。首先進行前測成績在學院與性別的雙因子組內迴歸係數同質性檢定，結果顯示：顯著性 0.547，未達顯著水準，即前測成績具有組內迴歸同質性，符合雙因子共變數分析之假設。

因此，繼續以雙因子共變數分析，檢定學院與性別對學習成效之影響。結果顯示：學院與性別無交互作用存在，但學習成效因學院而有所差異，也因性別而有所不同；事後比較發現：管理學院的學習成效優於其他三學院的學生，財經學院的學習成效優於資訊學院的學生；女生的學習成效優於男生。分析結果如表 2-7、2-8 所示。

表 2-7　學院與性別對學習成效雙因子共變數分析摘要

變異來源	SS	df	MS	F	Sig.	η^2
前測成績	893.12	1	893.12	7.51**	0.007	0.037
學院	5605.05	3	1868.35	15.72***	0.000	0.194
性別	2779.37	1	2779.37	23.38***	0.000	0.107
學院*性別	655.32	3	218.44	1.84	0.142	0.027
誤　差	23295.85	196	118.86			
校正後全體	33228.70	204				

**$p<0.01$　***$p<0.001$　（學院*性別：學院與性別的交互作用）

表 2-8　學院與性別對學習成效雙因子共變數分析統計資料摘要

因子	組別	N	前測成績 Mean	前測成績 SD	後測成績 調整前 Mean	後測成績 調整前 SD	後測成績 調整後 Mean	後測成績 調整後 SD	F	顯著性
學院	設計	53	65.81	9.07	80.60	12.29	80.81	10.92	15.72***	0.000
	資訊	48	66.17	8.33	78.94	14.27	79.63	13.43		
	管理	54	67.48	11.39	92.48	6.67	91.69	11.30		
	財經	50	67.32	10.83	86.28	12.43	84.92	11.13		
性別	男	105	65.73	9.54	79.82	13.73	80.59	11.30	23.38***	0.000
	女	100	67.72	10.36	89.88	9.23	87.93	12.28		

***$p<0.001$

第六節、結論、展望與建議

　　本研究以多元教學融入國文課程，對科技大學四學院各一班大一新生進行一學期的完整授課，經期初統一會考、期末考試與前後問卷所蒐集的量化資料，探討多元教學對不同學院與性別的學生學習態度與學習成效之影響。根據資料分析的結果，可得到以下幾項具體結論：

一、國文多元教學對四學院學生學習態度與學習成效的影響

　　多元教學融入國文課程，四學院學生期末較期初的學習態度與成績皆有非常顯著的進步；管理學院與財經學院的學習態度皆優於資訊學院的學生；管理學院的學習成效優於其他三學院的學生，財經學院的學習成效優於資訊學院的學生。

　　造成資訊學院學習態度與成效比其他學院表現較差的原因，及管理學院和財經學院學習態度與成效比其他學院表現較優的原因，可從不同學院的學習內容與職涯意向來詮釋：

　　資訊學院以培育資訊科技人才為教育目的，本研究施測的資管系，則是培育資訊技術與企業電子化管理人才的科系。為因應資訊科技的發展與企業 E 化的需求，資管系的課程規劃分為資訊技術與企業管理兩大類，學生就業意向亦以資訊技術及企業管理為主（陳建志、史雨萱、曾致勝、林于珈，2013）。「國文」對資訊學院學生而言，只是基礎通識必修課程而已，並非其專業科目。人文素養和語文表達，與資訊科技專業科目的學習表現較無關聯，對其日後的職涯發展亦乏直接助益。故國文課以「多元教學」方式進行，雖能令其增廣見聞而領略豐富的美感經驗，卻未必能激發其主動學習的意願與教育期望的期許。故其學習態度表現普通，而學習成效亦尚可而已。

　　管理學院以培育企業管理人才為教育目的，本研究施測的行銷系，則是培育行銷規劃與物流管理人才的科系。為因應企業所需的市調、倉儲與銷售、供應之需求，行銷系的課程規劃趨向整合行銷與企劃、運輸、銷售之融合，學生的就業意向亦以創意行銷、流通管理與展店創業為主[4]。財經學院以培育財務投資人才為教育目的，本研究施測的會資系，則是培育財務稽核與風險管理人才的科系。為因應企業所需的證券、期貨與融資、保險等需求，會資系的課程規劃趨向會計、審計與金融、財稅之融合，學生的就業意向亦以會計、審計、金融、財稅為主[5]。設計學院以培育美感創意設計人才為教育目的，本研究施測的創設系，則是培育樂活商品創意設計人才的科系。為因應創意時代的潮流與經濟產業的需求，創設系的課程規劃趨向工藝技術與人文加值之融合，學生的就業意向亦以生活用品、觀光商品的開發為主[6]。故「國文」對以上三學院學生而言，雖非其專業科目，卻是培育文化涵養及本國語文應用能力的學科。人文素養和語文表達，對其專業科目的學習表現及日後的職涯發展，有著創意企劃的構思、書寫，或設計靈感的啟發之助益。國文課以「多元教學」方式進行，不但能令其廣學多聞，而課程的豐富美感經驗，亦能激發部分學生主動學習的意願，與教育期望的期許。故管理學院的學習態度與成效表現最優，財經學院次之，設計學院的表現亦值得嘉許。

---

[4] 參考自本校行銷與流通管理系系所簡介網頁
http://www.teach.ltu.edu.tw/MultiCategory/MultiCategoryFileContent?gpid=9&mid=3586&cid=3877&_query=LtuTAPortal_ProjectWeb.Models.CommonQueryModel

[5] 參考自本校會計資訊系系所簡介網頁
http://www.teach.ltu.edu.tw/MultiCategory/MultiCategoryFileContent?gpid=19&mid=3090&cid=3116&_query=LtuTAPortal_ProjectWeb.Models.CommonQueryModel

[6] 參考自本校創意產品設計系系所簡介網頁
http://www.teach.ltu.edu.tw/MultiCategory/MultiCategoryFileContent?gpid=25&mid=3282&cid=3414&_query=LtuTAPortal_ProjectWeb.Models.CommonQueryModel

二、國文多元教學對兩性學生學習態度與學習成效的影響

多元教學融入課程，兩性學生期末較期初的學習態度與成績皆有非常顯著的進步；女生的學習表現皆優於男生。造成兩性差異的原因，可藉國內外學者的研究面向詮釋如下：

（一）性別角色面向：

傳統社會期待於男性多屬能力、成就、獨立等有關工具性或主動性的特質；期待於女性則屬服從、依賴、溫馴，及有關人際情感表達的特質（何英奇，1981；李美枝、鍾秋玉，1996）。性別角色會影響學習表現，使男生易產生「抗拒表現」、「抗拒權威」的反叛文化，導致其學習態度較女生弱（李國生，2001）。學習成效受學習態度的影響而表現亦然。

（二）資訊處理面向：

女性一般被視為完整而全面性的資訊處理者，男性則被視為特定而選擇性的資訊處理者（Meyers-Levy, 1989）；女性傾向對所有可能獲得的資訊做有系統的分析，男性則傾向對當下可得的資訊做直覺式的判斷（梁朝雲，2014；Park、Yoon & Lee, 2009）。故女性的學習態度細膩而成效較具完整性，男性則較能掌握重點而易有疏漏。

（三）學習情緒面向：

Frenzel、Pekrun 與 Goetz（2007a）的研究發現：德國男生在學習數學時，比女生有較高的樂趣及較低的焦慮與生氣。Wu、Luh 與 Lai（2010）以

促進國際閱讀素養研究（Progress in international reading literacy study, PIRLS）2006 的資料分析結果顯示：女生在閱讀時，比男生有較正向的學習情緒（巫博瀚、賴英娟，2011）。學習情緒會影響學習態度與學習成效。

（四）學習表現面向：

Kuhn 與 Holling（2009）及 Sullivan（2009）的研究指出，女生的語文表現較男生佳，男生的科學與推理表現較女生佳。學習表現會影響主動學習態度與學習成效。

故以上學者們的研究成果，大致與本研究的結果相同。

三、不同學院與性別的學生認知與情意表現紛歧的教育意義

綜上所述，四學院兩性學生在多元教學融入國文課程的學習表現不盡相同。這除了顯示當今科技大學國文課當致力於改進教學設計、改善教學方法，以提振不同學院與性別的學生學習態度與學習成效而外，學生的認知與情意之紛歧表現對教師而言，亦是一個須投入關注的訊息：教育的意義，乃透過教學使學生能獲取知識，並得到人格的陶冶與培育。前者可透過測驗，檢視學生的學習成效；後者則可透過問卷與課前課後的言行表現，窺知課程對學生的潛移默化。故提升學生對課程的認知與情意，使之得到心靈的化育，使其思言行為與生活態度，皆得到涵融與提升，實乃國文課的教育意義。

基於引發學生對國文類課程學習興趣的立場，本研究下階段將探討動畫與繪本融入國文類通識課程對科技大學不同學制與性別的學生學習之影響，作為改進教學另闢蹊徑的思維方向。

四、本研究的研究限制

　　本研究的研究對象，僅限於台灣中部某科技大學四學院各一班大一新生，故研究結果之推論，應為類似本研究對象的科技大學各學院一年級學生，並不宜推論至各類大學的所有學生。部分研究對象因參與感與認真度不夠，難免降低了研究結果的準確性。且本研究的教學內容，屬國文領域的多元教材，故研究結果僅供科技大學國文課與文史類通識課程教學設計之參考；至於能否推論至普通大學或其他課程，則有待更深入的探討與研究。而本研究評量學習成效的測驗卷，乃以文字形式呈現，這對國文先備知識不足的學生，或許會造成某些試題的填答困難。至於圖像式媒體製作的技術層面與美感程度，是否會造成部分學生學習態度與學習成效的影響，亦是須列入考量的問題。而學生的人格特質與學習背景，是否會影響其對不同媒體的接受度，亦是值得慎思明辨的問題。

五、國文多元教學的建議與展望

　　國文課程深負文化傳承、人文素養與國語文訓練的多重使命。隨著社會科技化的發展與經濟成長的追求，大眾對傳統文化的日趨漠視與學生國文程度的日益低落，教學內容的實用化與教學方式的活潑化，乃國文教師不容規避的努力方向。

　　研究者銘感於此，近年來在課程設計、媒體製作與改進教學方式所做的努力，經由多元教學融入課程，問卷、測驗與統計、分析等研究，深刻體認到不同學院與性別的學生，其學習表現或需求當有所不同。這顯示其學習背景與學習本質之差異，應以多元化的課程設計與教學策略，給予適性化的教導，以提升其學習情意。

　　此外，多元教學最能提升各領域學生的學習興趣（王靖婷，2009）：多媒體動畫、數位繪本的視覺趣味，詩畫 PPT 的優美意境，網際網路考古、文物圖片或短片的臨場感受、說故事的穿插點綴；問答法的師生互動，分組討論的觀摩學習，要以創新開發並靈活運用多元而富趣味性的教材、教具與教學方式，讓學生們輕鬆活潑地學習以減輕認知負荷，當能引發更多學生的學習動機，提振其學習態度，提升其主動學習的意願與專注力，而提高其學習成效，並達到最佳的學習效果。以上研究成果，提供科技大學國文教師及文史類通識課程教師們參考。

參考文獻

王正婷（2007）。國中生英語科及數學科學習態度、父母教養方式與其學業成就之關係：以 TEPS 資料庫資料為例。**中學教育學報，14**，55-76。

王如玫（2012）。**生命教育繪本及動畫教學對國小高年級學童生命意義感與生命價值觀之成效研究**（碩士論文）。取自臺灣碩博士論文系統。（系統編號：100NTCN0328006）

王靖婷（2007）。大一國文多元智能取向教學策略─以古典詩歌為例。**通識學刊：理念與實務，1**（2），101-135。

王靖婷（2009）。大學國文教學面面觀：相關研究之回顧與展望。**通識學刊：理念與實務，1**（4），139-171。

王嫣惠、羅承浤、鮑惟豪、謝秉叡（2011）。數位動態與靜態影像之輔助學習成效比較─以英語學習為例。**工程科技與教育學刊，8**（3），343-350。

白玉珠、徐南麗、汪蘋（1999）。某醫學中心護理人員自評之護理能力及個人特質相關性研究。**護理研究，7**（3），209-220。

行政院教育改革審議委員會（1996）。**教育基本法**（1999 年通過實施）。

何英奇（1981）。大學生性別角色與自我概念的關係。**教育心理學報，14**，221-230。

佟新（2005）。**社會性別研究導論─兩性不平等社會機制分析**。北京：北京大學。

吳明隆、涂金堂（2007）。**SPSS 與統計應用分析**。台北市：五南。

吳武典（1998）。**輔導原理**。台北市：心理。

吳武典（2008）。**多元智能量表丙式**（CMIDAS-C）**指導手冊**。台北市：心理。

吳金聰、劉曼麗（2013）。國小教師的數學教學專業知能成長研究—以 PPt 在因數與倍數教學上的應用為例。**科學教育學刊，21**（4），371-400。

吳耀明（2010）。多元教學與評量對國小學童學習態度及學習焦慮之影響。**教育研究學報，44**（1），153-177。

宋鎮照（1997）。**社會學**。台北市：五南。

巫博瀚、賴英娟（2011）。性別、自我效能、工作價值、科學素養及學校層次因素對臺灣青少年學習情緒之影響：個人與情境交互作用之多層次分析。**教育科學研究期刊，56**（3），119-149。

李永忻（2016）。經典動畫詩意世界　現場音樂再掀感動《佳麗村三姊妹》電影音樂會。**PAR 表演藝術雜誌，277**，20-21。

李佳蓉（2016）。推動資訊科技融入教學的進階改變—從師資培育課程談起。**臺灣教育評論月刊，5**（1），150-153。

李依娟、陳儀娉、王慧禎、謝倍珊（2016）。繪本輔導方案提升選擇性緘默兒童社會技巧之行動研究。**特殊教育學報，43**，1-27。

李欣欣（2016）。體驗式教學法於初級商務華語教學中的應用。**臺灣華語教學研究，12**，43-66。

李美枝、鐘秋玉（1996）。性別與性別角色析論。**本土心理學研究，6**，260-299。

李國生（2001）。**學習與性別差異**。「廿一世紀男女生的教育」研討會講詞。香港：平等機會委員會。

制憲之國民大會（1946），**中華民國憲法**。
http://teach.eje.edu.tw/9CC/discuss/discuss 4.php

教育部（2013）。**性別平等教育法**。台北市：教育部。

林清山（2005）。**心理與教育統計學**。台北市：東華。

林雅馨、程瑞福（2014）。體育系學生的性別角色分化與自我概念之探討—以國立臺灣師範大學為例。**屏東科大體育學刊，3**，27-39。

林聖欽、高淑郁（2014）。性別平等教育與社會學習領域人與空間主題軸的連結：以嘉義縣東石鄉牡蠣產業的女性空間為例。**地理研究，61，**1-26。

林語蓁、賴春金（2012）。圖畫書融入閱讀教學對幼兒閱讀動機成效之研究。**幼兒教育，307，**28-48。

林曉汶（2016）。**Flash 動畫融入教學對國中生幾何學學習態度與成效之研究**（碩士論文）。取自臺灣碩博士論文系統。（系統編號：104DYU00396027）

林寶貴、錡寶香（1992）。高階階段聽障學生學習態度、成就態度及其相關成就之相關研究。**特殊教育研究學刊，8，**17-32。

信世昌（1994）。國文教學的本質與多媒體設計。**教學科技與媒體，16，**45-51。

段承汧、歐陽闇（2016）。電子繪本教學對幼兒專注力及閱讀興趣影響之行動研究。**教育學誌，**35，85-143。

洪于婷（2012）。**探討台灣大學生透過英文繪本之批判識讀。**（碩士論文）。取自臺灣碩博士論文系統。（系統編號：100THU00094004）

胡興梅（2001）。**兩性問題**。台北市：三民。

翁婉慈、潘瑛如、李隆盛（2010）。美國高中畢業會考及其對我國的意涵。**中等教育，61**（3），142-151。

張思潔（2015），**YouTube 影片與 Flash 動畫融入教學對不同年級學生歷史學習成效之影響的研究**（碩士論文）。取自臺灣碩博士論文系統。（系統編號：103LU000395008）

張春興（2000）。**張氏心理學辭典**。台北市：東華。

張厥煒、葉志仙、吳羿柏（2012）。棒球轉傳補位訓練之動畫式輔助教學系統研發。**大專體育，118，**20-28。

張景媛、呂玉琴、何縕琪、吳青蓉、林奕宏（2002）。多元思考教學策略對國小教師數學教學之影響暨教師專業成長模式之建構。**師大教育心理學報**，**33**（2），1-22。

張瑞剛、吳宗禮、張敦仁（2014）。應用數位媒介以增進教學相長之效能—以通識教育課程為例。**實踐博雅學報**，**21**，83-111。

梁志平、佘曉清（2006）。建構主義式的網路科學學習對國中生力的概念學習之研究。**科學教育學刊**，**14**（5），493-516。

梁育維、陳芳慶（2015）。資訊融入教學對學習態度影響之後設分析。**中等教育**，**66**（2），100-125。

梁朝雲（2014）。從性別差異談大學學務組織學習對工作效能的影響。**學生事務與輔導**，**53**（1），19-34。

畢威寧、劉若緹、何修仁（2012）。資料包絡分析法應用於「大一國文教學效率」自評模式建構之研究。**聯大學報**，**9**（2），51-70。

莊美玲（2015）。繪本在幼兒園數學創意教學的應用研究。**正修學報**，**28**，293-302。

陳心怡、童伊迪、唐宜楨（2014）。大學社會工作課程的性別能力教學與學習。**當代社會工作學刊**，**6**，50-85。

陳明溥（2007）。程式語言課程之教學模式與學習工具對初學者學習成效與學習態度之影響。**師大學報：科學教育類**，52（1&2），1-21。

陳冠蓉（2013）。明志科技大學通識課程「古代民間生活藝術的智慧」創意教學與書寫示例—以飲食藝術單元「菜餚命名藝術」為例。**應華學報**，**14**，183-220。

陳建志、史雨萱、曾致勝、林于珈（2013）。資管系學生個人背景因素對大學選課與就業意圖之影響。**明新學報**，**39**(1)，117-130。

陳秋虹（2006）。國文多元教學規劃與技職學生對教學法適應性之研究。**正修學報**，**19**，233-248。

陳羿伶（2011）。**互動式電子白板應用於國小教學對學生學習成效影響之後設分析**（碩士論文）。取自臺灣碩博士論文系統。（系統編號：100NTNU5332067）

陳素杏（2009）。**圖文與教學—國小教師使用繪本教學之行為現況及繪本特質認同度之研究**（碩士論文）。取自臺灣碩博士論文系統。（系統編號：097NHU05663010）

陳慧雯（2011）。**視覺化教學提升大學生通識科學學習成效之探討~以電腦動畫教學為例**（碩士論文）。取自臺灣碩博士論文系統。（系統編號：099MDU05611022）

陳儒晰（2012）。大學生對網際網路學習態度之調查研究：以某科技大學為例。**課程與教學季刊**，**15**（1），211-232。

陳儒晰（2015）。電子繪本鷹架對幼兒閱讀學習之影響。**中華管理發展評論**，**4**（1），77-95。

陳儒晰（2016）。幼兒家長對網路親職資訊的悅趣性與實用性態度：資訊分享的干擾效果。**中華管理發展評論**，**5**（1），57-70。

陳儒晰、邱方晞（2014）。大學生多元文化認知對創新學習態度的影響關係。**育達科大學報**，**37**，153-176。

黃文三（1996）。性別角色的省思與看法。**高市文教**，**57**，105-107。

黃琬婷（2012）。**運用繪本發展藝術及設計科系專業英文課程：以中部某科技大學為例**（碩士論文）。取自臺灣碩博士論文系統。（系統編號：100YUNT5615012）

黃祺惠（2016）。高中美術「停格動畫」教學之成效評估研究。**中等教育**，**67**（1），87-104。

黃囇莉（2007）。性別歧視的多面性。載於黃淑玲、游美惠（主編），**性別向度與台灣社會**，（3-24頁）。台北市：巨流。

楊玲惠、翁頂升、楊德清（2015）。發展數位教材輔助學生學習之研究—以科大學生之統計教學課程為例。**臺灣數學教育期刊**，**2**（1），1-22。

楊錫彬（2016）。動畫的品牌行銷之探討—以小小兵動畫為例。**中國廣告學刊，21**，82-97。

葉至誠（2008）。性別平權與社會政策。**空大學訊，397**，54-61。

劉淑雯（2004）。**繪本運用於國小社會學習領域的教學研究**（博士論文）。取自臺灣碩博士論文系統。（系統編號：092NTNU0331022）

歐慧敏（2000）。最低能力測驗在美國的使用情形。**測驗與輔導，158**，3300-3303。

潘東名（2015）。全人教育在資訊網路素養培養之實務探討。**全人教育學報，13**，83-119。

蔡佩穎、張文華、林陳涌、張惠博（2013）。不同性別七年級學生論證科學新聞之學習效益。**科學教育學刊，21**（4），455-481。

蔡青育（2014）。**成語故事動畫教學對國小學習障礙學童成語學習成效之研究**。（碩士論文）。取自臺灣碩博士論文系統。（系統編號：102KYIT0396004）

蔡銘津、何美慧（2016）。可預測性故事之英語繪本及其在英語教學上的應用。**人文社會電子學報，11**（2），93-111。

鄭瑞洲、洪振方、黃台珠（2013）。採用多元教學策略的非制式奈米課程對國中生情境興趣之促進。**教育實踐與研究，26**（2），1-28。

盧詩韻、林鼎文（2013）。摺紙動畫融入教學之學習成效研究。**臺中教育大學學報：人文藝術類，27**（1），111-130。

蕭佳純、董旭英、饒夢霞（2009）。以結構方程式探討家庭教育資源、學習態度、班級互動在學習成效的作用。**教育科學研究期刊，54**（2），135-162。

謝寶櫻（2014）。**動畫教學應用於國小學童四年級自然與生活科技領域之月相概念教學**（碩士論文）。取自臺灣碩博士論文系統。（系統編號：102YDU00396002）

鍾文淵（2009）。**停格偶動畫之創作研究─以〈遺忘的回憶〉作品為例**（碩士論文）。取自臺灣碩博士論文系統。（系統編號：098NTNU5619011）

簡秋蘭、張瀝分（2011）。實務體驗教學法與簡報教學法影響學習成效之研究─以飲料課程為例。**臺南應用科大學報**，**30**，125-139。

簡皓瑜、黃曬莉（譯）（2004）。**性與性別**（原作者：Archer, J. & B. Lloyd）。台北市：巨流。（原著出版年：2002）

譚寧君（2007）。**利用「數學簡報系統 (MathPS)」發展國小數學輔助教材之研究成果報告**（**精簡版**）行政院國家科學委員會專題研究成果報告（NSC95-2521-S-152-008），未出版。

蘇金豆（2013）。應用概念圖引導與動畫輔助技專生化學問題解決能力之探究。**教育傳播與科技研究**，**103**，37-60。

Barnea, N., & Dori, Y. J. (1999). High-school chemistry students' performance and gender differences in a computerized molecular modeling learning environment. *Journal of Science Eucation and Technology, 8*(4), 257-271.

Bates, R., & Khasawneh, S. (2007). Self-efficacy and college students' perceptions and use of online learning systems. *Computers in Human Behavior, 23*(1), 175-191.

Betz, N. E. (1994). Basic issues and concepts in career counseling for women. In W. B. Walsh & S.H. Osipow (Eds.), *Career counseling for women* (pp. 1-41). Hillsdate, NJ: Prentice Hall.

Carlson, R. E. & Wright, D. G. (1993). Computer anxiety and communication apprehension: Relationship and introductory college course effects. *Journal of Educational Computing Research, 9*(3), 329-338.

Carroll, N. (2001). *Beyond aesthetics: Philosophical essays*. New York, NY: Cambridge University Press.

Chen, R. S., & Tsai, C. C. (2007). Gender differences in Taiwan university students' attitudes toward web-based learning. *Cyberpsychology & Behavior, 10*(5), 645-654.

Chesney, S., & Marcangelo, C. (2010). 'There was a lot of learning going on' Using a digital medium to support learning in a professional course for new HE lecturers. *Computers & Education, 54*(3), 701-708.

Clark, R. E. (1992). Facilitating domain-general problem solving: Computers, cognitive processes and instruction. In E. D. Corte, M. C. Lin, H. Mandl, and L. Verschaffel (Eds.), *Learning environment & problem solving* (pp. 265-285). New York: Springer-Verlag.

Frenzel, A. C., Pekrun, R., & Goetz, T. (2007). Perceived learning environment and students' emotional experiences: A multilevel analysis of mathematics classrooms. *Learning and Instruction, 17*(5), 478-493.

Gardner, H. (1983). *Frames of mind: The theory of multiple intelligences.* New York, NY: Basic Books.

Hammouri, H. (2004). Attitudinal and motivational variables related to mathematics achievement in Jordan: Findings from the Third International Mathematics and Science Study (TIMSS). *Educational Research, 46*, 214-257.

Hoffman, D. L. & Novak, T. P. (1996). Marketing in hypermedia computer-mediated environments: Conceptual Foundations. *Journal of Marketing, 60*(3), 50-68.

Horton W. K. (2001). *Leading e-Learning.* Alexandria, ASTD.

Hwang, G. J., & Chang, H. F. (2011). A formative assessment-based mobile learning approach to improving the learning attitudes and achievements of students. *Computers & Education, 56*(4), 1023-1031.

Jenkins, H. (2006). *Convergence culture: Where old and new media collide.* New York, NY: New York University Press.

Kuhn, J. T., & Holling, H. (2009). Gender, reasoning ability, and scholastic achievement: Amultilevel mediation analysis. *Learning and Individual Differences, 19*(2), 229-233.

Mayer, R. R. & Sims, V. K. (1994). For whom is a picture worth a thousand words? Extensions of a dual-coding theory of multimedia learning. *Journal of Educational Psychology, 86*(3), 389-401.

Meyers-Levy, J. (1989). Gender differences in information processing: A selectivity interpretation. In P. Cafferata & A. M. Tybout (Eds.), *Cognitive and affective responses to advertising* (pp. 219-260). Lexington, MA: Lexington Books.

Nieuwboer, C. C., Fukkink, R. G., & Hermanns, J. M. A. (2014). Practitioner response to parental need in email consultation: How do they match? A content analysis. *Child & Youth Care Forum, 43*(5), 553-567.

Nikolajeva, M., & Scott, C. (2006). *How picturebooks work.* New York, NY: Routledge.

Own, Z. (2010). The application of an adaptive web-based learning environment on oxidation-reduction reactions. *International Journal of Science and Mathematics Education, 8*(1), 1-23.

Park, J., Yoon, Y., & Lee, B. (2009). The effect of gender and product categories on consumer online information search. *Advances in Consumer Research, 36,* 362-366.

Scheinkman, N. (2004). Picturing a story. *Teaching Pre K-8, 34*(6), 58-59.

Schunk, D. H. (1991). Self-efficacy and academic motivation. *Educational Psychologist, 26*(3&4), 207-231.

Sebastian, J., Hsu, Y. L., & Lu, J. M. (2014). Creation of a 'Caricature Robot' for social inclusion of older adults. *Gerontechnology, 13*(2), 278.

Shulman, L. S. (1986). Those who understand: Knowledge growth in teaching. *Educational Researcher, 15*(2), 4-14.

Su, K. D. (2008a). An integrated science course designed with information communication technologies to enhance university students' learning performance. *Computers & Education, 51*(3), 1365-1374.

Su, K. D. (2008b). The effects of a chemistry course with integrated information communication technologies on university students' learning and attitudes. *International Journal of Science and Mathematics Education, 6*(2), 225-249.

Sullivan, A. (2009). Academic self-concept, gender and single-sex schooling. *British Educational Research Journal, 35*(2), 259-288.

Vygotsky, L.S. (1978). *Mind in society: The development of higher psychological processes.* Cambridge: Harvard University Press.

Waern, Y. (1990). On the dynamics of mental models. In D. Ackermannn & M. J. Tauber (Eds.), *Mental models and human-computer interaction: 1. Human factors in information technology No. 3.* Amsterdam: Elsevier.

Weinert, F. (1989). The impact of schooling on cognitive development: One hypothetical assumption, some empirical results and many theoretical speculations. *EARLIN News, 8*, 3-7.

Wilkins, J. L. M. (2004). Mathematics and science self-concept: An international investigation. *Journal of Experimental Education, 72*(4), 331-346.

Wu, P.-H., Luh, W.-M., & Lai, Y.-C. (2010). The effects of perceived learning environment on the achievement emotions: Analyzing clustered data by using linear mixed models. Paper presented in the 2010 annual meeting of the *American Education Research Association* (AERA), Denver, CO.

作者簡介

錢昭萍 1*，嶺東科技大學通識教育中心，講師（實驗設計、籌備、執行＆論文寫作、製表、版面設計、校稿、改稿、聯絡）

Chao-Ping Chien is a Lecturer of General Education Center, Ling Tung University, Taichung, Taiwan. (Corresponding Author)

梁麗珍 2，嶺東科技大學財政系，副教授（數據統計）

Li-Jeng Liang is an Associate Professor of Department of Public Finance, Ling Tung University, Taichung, Taiwan.

（本章刊登於人文社會學報第 13 卷第 3 期_2017 年 9 月，ISSN：1819-7205）

第三章 通識教學──

動畫與繪本融入國文類課程的成效

摘　要

　　本研究以前後測設計的準實驗法，探討動畫與繪本融入國文類通識課程，對不同學制與性別的學生之學習動機、學習成效與學習滿意度的影響。實驗對象為台灣中部某科技大學日、夜、進三種學制各一班畢業年級的六朝志怪小說選修課學生，研究者以自製的多媒體動畫和數位繪本融入教學，讓學生學習一學期的課程；期初、期末皆以線上測驗方式，帶領學生上數位學習平台各填寫一份問卷與測驗，而得到 125 份有效樣本。以 *t* 檢定、雙因子共變數與變異數分析檢定資料之結果顯示：進修學院不同性別的學生與夜間部女生之學習動機有顯著的進步，日間部不同性別的學生與夜間部男生的學習動機卻無顯著進步。進修學院的學習動機明顯高於夜間部學生，二者並明顯高於日間部學生；女生的學習動機、學習成效與學習滿意度皆高於男生。故如何改進教學方式，提升不同學制與性別的學生之學習表現，是教師們義不容辭的責任。

關鍵字：性別、科技大學、動畫與繪本、學習動機與成效、學習滿意度

Chapter Three: General Education Course Teaching-Effects of Using Animation and Picture Books on Students' Chinese Learning Performances

Abstract

With a quasi-experimental approach implemented by a pre-test and post-test, this study aims to explore the impact of animation and picture books integrated into a Chinese general course toward different educational systems and genders on students' learning motivation, satisfaction, and effectiveness. The experimental subjects are three classes from three divisions (day school, night school, and continuation school) of a university of science and technology in the middle of Taiwan. The elective course is "Chinese Mysterious Stories of the Six Dynasties". The "multimedia animation and the digital picture book" is integrated into the course for one semester. The subjects have to take a test and fill a questionnaire on-line in the beginning and the end of semester respectively. One hundred and twenty-five valid samples are collected. T test, two-way ANCOVA and ANOVA are used to analyze the collected data. The results show the learning motivation of female students from night school and students of both genders from continuation school are clearly enhanced. The learning motivation of male students from night school and students of both genders from day school show no significant difference. The learning motivation of continuation school is clearly higher than night school students, both are obviously higher than day school students. The learning motivation, satisfaction and effectiveness of the female students are higher than the male students. Thus, how to improve teaching methods and enhance students' performance among different educational system and gender is teachers' moral obligation.

Keywords: gender, technology students, animation and pictures books, educational system, learning motivation and effectiveness, learning satisfaction

第一節、前言

一、研究動機與目的——
探討動畫與繪本數位化環境的學習效果

　　2000 年教育部推動資訊科技融入教學，鼓勵各級學校教師，將資訊科技多媒體的影音效果和網路豐富的資源，靈活運用於課程、教材與教學之中，以營造活潑生動、主動參與的學習環境。並積極推動軟硬體設備的建置，促使各級學校推展教材數位化，讓教師將資訊科技視為教學與學習的工具，輔助學生學習。因此透過課程，學生不僅可習得資訊科技的技能並建構知識，亦可運用於各學習領域的學習，以提升整體的學習效益（紀秋雲、蔡明貴，2016）。

　　資訊科技融入教學，使多媒體的影像、聲音與文字資料，和網路資源的搜尋與分享，引領學生以建構式學習，培養多元觀點及批判、思考的能力，提高學習興趣，參與課堂討論，並養成實事求證的嚴謹態度與終身學習的能力（蕭英勵，2007）。而製作多媒體須發揮視覺空間、語文、音樂等智能（鄭博真、王靖婷，2008）；以多媒體為教具，亦可啟發學生視覺空間、語文、音樂等智能，同時可培養學生規劃、製作多媒體的能力。故優質多媒體數位化學習環境，可增進人文素養與創造力，嘉惠學子，並提升教與學的資訊技術能力、師生互動能力，及網路學習課程的能力（蕭英勵，2008）。

　　多媒體應用於國文教學方面，自從國文授課時數縮減、作文退出升學考試、網路通俗文學暢行、休閒聲光化等因素，再再斲傷了台灣民眾對國文及閱讀文學作品的重視。國語文能力的低落，對個人而言，將降低學習、思考

及溝通的能力；對國家社會而言，亦將使競爭力日趨低落。為順應全球數位化潮流，研發製作多媒體教材，營造更優質、創新、趣味的國文學習情境，可提升教學活動的趣味性，使教學生動活潑，讓學生有持續學習的意願，方能達成教學目標，完成教育理想（簡素蘭，2005）。故多媒體應用於國文教學，對提升學生的學習興趣與持續學習的意願，至關重要。

1984 年教育部提出通識教育，至今已逾三十年。主要是希望大學生除了修習專業科目而外，也應蘊植深厚的人文素養，培養學生對事物理解、判斷的能力，並對歷史文化、生命價值與意義，有更深層的認識（邱秀香，2016）。而國文教學具有語文訓練、人格陶冶與文藝欣賞等任務，對於德、智、群、美等教育深具潛移默化的作用，也是培養學生品德、品質、品味之「三品」教育不可或缺的一環（蔡美惠、陳麗宇，2011）。故國文類通識課程（以下簡稱為「國文類課程」）的教學目標，在於培養學生中國文學的涵養，汲取其中的生活智慧，奠定人格基石，及樹立正確的價值觀。為了提振學生們的學習興趣，大學國文類課程的教學，是否亦應順應時代潮流，以多媒體式的教材融入課程？基於落實資訊科技融入教學的政策，教材數位化首當整合文字、圖像與聲音，使教學呈現多元、豐富、生動、有趣的情境：例如 PPT、繪本、動畫的融入教學，及多媒體教學網、互動式教學影片、互動式教學平台之建置等，皆可於課堂、課後吸引學生以主動學習或同儕討論、回饋的方式涉入學習。

動畫是科技與藝術的結合，藉著非凡的想像力，從情節、場景到角色、行為等設計，處處充斥著變形、誇張、顛覆的奇思妙想，帶給人們驚奇與樂趣（楊錫彬，2016）。動畫可詮釋圖像序列的因果關係，融入視覺連貫之聯想，並運用想像力填補圖像間隙（Elleström, 2010; Kuskin, 2010; McHale, 2010）。故靜態圖像轉為動畫形式，可重現原作（文本）樣貌（Meikle, 2013）。而動畫是科技與人文的結合，藉著創意發想與美感注入，可開發學生多元的

視覺經驗智能（黃祺惠，2016）。並從極具聲光之美且活潑有趣的內容，深化其學習潛能，進而養成持續學習、獨立思考，及尋求解決問題的能力（簡素蘭，2005）。

繪本以多景框圖文結構描述故事情節，呈現方式近似分鏡效果，因而具有跨媒介敘事潛質。繪本圖文組合形態，便於圖像敘事者援用「媒介間互文性」（intermediality），即運用相仿之構圖、符碼與情節等，呼應原作（文本）特質。而數位繪本即靜態文本藉科技（數位藝術）創作圖像式媒體；並以「維護原創風格」、「增加戲劇性」、「融入新媒介」或「強化文創加值」為改編原則（孟建，2005；Faubert, 2011; Moore, 2010）。因此，教師多希望能藉以提升學生的想像力與創造力，並引起學生的學習興趣與動機，期能全面提升其語文能力。

Jenkins（2006a）認為：跨媒介敘事，指傳播者可考量不同平台而再述故事，以開拓故事世界。而圖像敘事領域的跨媒介敘事，乃指敘事者可援用與原作相仿之構圖、符碼與情節等，與轉述作品達互相指涉之效果（Wolf, 2005）。故敘事者可運用「媒介間互文性」特質，創作跨媒介作品，或開展可研究範疇（賴玉釵，2015）。而研究者選擇動畫與繪本進行研究，即在於探討動態或靜態圖像式媒體對文本敘事的詮釋，在教學上的反應與回饋，包括學生們的學習動機、學習成效與學習滿意度；此項研究，可提供以圖像式媒體融入國文教學的可行性與教學效果之參考值。

近十年來，台灣技職體系的科技大學紛紛由專科學校改制成立；日、夜、進等不同學制的多元發展，正可因應正規教學與回流教育學生的不同背景與作息時間之差異。日間部由高中職透過升學管道入學的年輕學子，與夜、進等社會人士的在職進修學生，其年齡、社會化經驗與上課時段之不同，對國文類課程以圖像式媒體融入教學的授課方式，其情意反應與學習成效是否會有差異？乃研究者亟欲探討並用於改進教學的研究動機。

性別與學習方面，因男女的生理差異會影響心理差異，對不同事物的興趣和注意力亦隨之不同。據 Kuhn 與 Holling（2009）及 Sullivan（2009）的研究指出，女生語文方面的表現較佳，男生科學與推理方面的表現較佳；蕭建華、張俊彥（2012）的研究成果亦指出，科學類的學習成就，男優於女。兩性對不同領域的學習表現既有差異，故其對國文類課程以圖像式媒體（動態＋靜態）融入教學的授課方式，其認知與情意的學習反應是否也有所不同？亦是一個值得探究的問題。

故本研究以學制與性別為自變項，而以學習動機、學習成效與學習滿意度為依變項的原因，在於探討以動畫和繪本（操弄變項）融入教學，對科技大學日、夜、進不同學制、不同性別的學生，是否皆能因活潑、生動、有趣的課程內容，改善其對傳統國文課的刻板印象，而提升其學習動機？圖像式媒體（動畫＋繪本）融入學期課程，其認知成果如何（學習成效）？課後反思課程內容，學生們是否依然覺得興味盎然而收穫豐碩（學習滿意度）？以上種種學習感受與回饋表現，是否因學制與性別而有所不同？本研究所探討的學習成效，乃以期末考成績為後測成績，亦即整學期學習成就之表徵。

二、研究問題——

動畫與繪本對不同學制與性別的學生學習之差異

後工業社會（post-industrial society）產業結構的改變，高科技產業逐漸取代了傳統製造業，社會對專業技術人才的素質要求提高。為了配合產業的需求，提昇實用專業技術人才的素質，使國內技職教育的重心提升至高等教育（楊福清，2002）。高等技職教育，以培養高級專業及實務人才為宗旨（張添洲，2014）。故大學除了具有知識生產與傳播的功能而外，也背負著促進

國家技術開發及產業升級的使命（黃富玉，2016）。教育政策的開放，科技大學、大學附設二技等職業教育，於設校與改制方面，均明顯擴充與成長。技職校院為滿足個人專業能力的精進，提升教育水平，於是有四技、二技等日間部、進修部與進修學院等不同學制，以因應技職生上課時間、學習特性、年齡、職業等背景之差異。然而不同學制的學生，因其年齡與社會化經驗之不同，其對國文類課程文字、語言的教學方式，與多媒體圖文並茂的教學方式，其學習的認知與情意是否會有差異，乃是關乎改進教學的一項課題。

　　而性別議題是當前課程改革的重大議題，也是當代多元文化課程研究致力落實的一大環節（莊明貞，2005）。雖然中華民國〈教育基本法〉第四條明定：「人民無分性別、年齡……社經地位及其他條件，接受教育之機會一律平等。」（教育部，2013修訂）〈性別平等教育法〉第二條亦云：「性別平等教育：指以教育方式教導尊重多元性別差異，消除性別歧視，促進性別地位之實質平等。」（教育部，2013修訂）然就性別角色而言，不同性別角色烙印在不同性別思維與行為表現上，讓男性有男性化特質，女性有女性化特質，這必經的社會化過程，為兩性角色建立規範，逐漸形成性別角色發展的差異（謝臥龍，2004）。性別刻板印象透過社會化歷程，使人們遵循社會期待去扮演該社會所期待的性別角色，例如男性被視為是獨立的、幹練的、理性的、主動的，女性則被視為是溫柔體貼的、善解人意的、感性的、依賴的（王芳醴、張燦明、李玫憲，2015）。而「男主外，女主內」或「嚴父慈母」等傳統思想，更將男性與女性的性別角色進行了角色區隔，突顯性別分工的角色界線差異（唐宜楨、陳心怡、童伊迪，2015）。然而以上兩種性別角色之不同，就學習而言，是否會影響學生對圖像式媒體融入國文類教學的認知（學習成效）與情意（學習動機與學習滿意度），亦是一個值得深入探究的問題。

　　故本研究的研究問題，是對某科技大學日、夜、進三種學制畢業年級各一班選修六朝志怪小說（研究者的選修課程）的學生，實施多媒體動畫（動態圖像＋字幕＋音樂＋講述故事）與數位繪本（靜態圖像＋講述故事）穿插融入學期課程以改進教學；依科大學制的規劃，日、夜、進三種學制的授課時數，皆是一學期 16 週共 32 小時課程（不含期中、期末考試週，每週上課兩小時）。因此，本研究以學期課程結束後的期末考成績，當作整學期的學習成效：在教學時數、教材、教學方式與教學進度統一的條件下，交叉比對期初、期末的問卷與測驗，探討圖像式媒體（動畫＋繪本）融入國文類教學，對不同學制與性別的科技大學生的認知（學習成效）與情意（學習動機與學習滿意度）之影響。研究方向包括下列三個研究問題：

（一）探討圖像式媒體融入教學，對不同學制與性別的學生之學習動機的影響。

（二）探討圖像式媒體融入教學，對不同學制與性別的學生之學習成效的影響。

（三）探討圖像式媒體融入教學，對不同學制與性別的學生之學習滿意度的影響。

　　歸結上述圖像式媒體融入國文類課程，對科技大學不同學制與性別的學生之學習動機、學習成效與學習滿意度的影響，探討其在教學上的意義與因應策略。

　　因此，根據以上三個研究問題，形成本研究的六項研究假設：

（一）圖像式媒體融入教學，對不同學制的學生之學習動機具正面影響。

（二）圖像式媒體融入教學，對不同性別的學生之學習動機具正面影響。

（三）圖像式媒體融入教學，對不同學制的學生之學習成效具正面影響。

（四）圖像式媒體融入教學，對不同性別的學生之學習成效具正面影響。

（五）圖像式媒體融入教學，對不同學制的學生之學習滿意度具正面影響。

（六）圖像式媒體融入教學，對不同性別的學生之學習滿意度具正面影響。

根據以上研究假設，分析日、夜、進三種學制不同性別的學生之量化資料，希望能建構科技大學不同學制與性別的學生，對國文類課程改進教學的多面向回饋之結論。

三、研究限制──國文類通識課程的樣本數問題

本研究的研究對象，為台灣中部某科技大學日、夜、進三種學制畢業年級各一班選修「六朝志怪小說的奇幻世界」共 151 位學生，而得到參與期初、期末問卷與測驗的 125 份填答完整之有效樣本。穿插融入學期課程的教學媒體，是本研究自製的六朝志怪小說 10 則多媒體動畫與 15 則數位繪本。由於施測的班級、人數、資質，與參與籌備的人力、時間、媒材等限制，各項條件既無法周全，研究結果自無法作廣泛推論。而本研究的研究重點，在於探討圖像式媒體融入國文類教學對不同學制與性別的科技大學生之認知（學習成效）與情意（學習動機與學習滿意度）的影響。至於其他教學活動，則非本研究的探討範圍。

第二節、文獻探討

一、大學國文課程通識化的相關研究

1945 年美國哈佛大學委員會（Harvard committee）發表《自由社會的通識教育》（謝明珊譯，2010）研究報告提出：通識教育是讓學生在受教育中，培養其成為負責任的公民；通識教育的目的，在於培養具備有效思考、溝通、適切判斷及認知價值能力的完整之個人；通識教育的核心，在於自由傳統與人文傳統的傳遞（何昕家，2016）。1984 年我國教育部發布〈大學通識教育選修科目實施要點〉，規定各大學均應開設通識教育課程，使學生了解自身與社會環境之間的互動關連，培養了解生活的現代知識分子。2001 年教育部發布〈大學教育政策白皮書〉，強調：大學宜強化通識教育及專業基礎教育，以提升大學生基本能力素養為目標。2003 年教育部發布〈個別型通識教育改進計畫邀請書〉進一步說明：「通識教育的核心精神在於培養學生適當的文化素養、生命智慧、分析思辨能力、表達溝通技巧，以及終身學習成長的動力。一個具備理想通識教育人格的學生，將不只擁有人文社會及自然科學的基本知識，更重要的是能夠批判思考，瞭解自我存在的意義，尊重不同生命與文明的價值。」故通識教育是一種求博求通的教育（教育部國語辭典），亦是整個大學基礎教育的核心（江宜樺，2003）。

「國文」的內涵極其廣泛，既關乎「文化傳承與人文素養」，亦指涉「中國語文的應用能力」（王靖婷，2009）。在現今強調閱讀、思考與多元智慧的時代，國文課程負有培養閱讀、寫作能力的責任，國文教學則具有培育學生語文能力、知識能力與思維能力等智育目標；達成精神陶冶、道德修養等德育目標；實踐文化素養、敬業合群等群育目標；及文藝欣賞、美化性靈等

美育目標（王慧茹，2013；紀俊龍，2015；蔡美惠、陳麗宇，2011）。而王靖婷（2009）彙整專家學者們的意見後指出：大學國文的教學目標，以語文能力訓練、文學欣賞、文化陶冶三項普受肯定：語文能力是一種說明的訓練，含書面與口語表達、思辨批判、歸納分析、創意發想的腦力激盪；文學欣賞指文學閱讀與賞析分享能力的訓練；文化陶冶則是透過對中華文化發展的認識與了解，達到文化精神的傳承與人格道德的陶冶。故大學國文教學可藉教學方法不斷地推陳出新，培養學生多方面的能力：例如分組討論、演講辯論、簡報製作、戲劇演出、人物專訪等多元化教學方法；或嘗試將教育理論運用在國文教學中，強化智能發展；或利用多媒體輔助教學、網路化教學，使教學更生動多元且富趣味性，以提振學生的學習興趣，輔導其主動學習。故大學國文課程就提升大學生基本語文表達、文化素養、人格陶冶，及多元能力之養成等方面，已符合通識教育的核心精神，而逐步走向通識化之路。

二、高等回流教育的相關研究

回流教育（recurrent education, RE）係指「個人以間隔的方式，重回組織化的學習活動」，乃終身學習的重要策略。1996 年行政院教育改革審議委員會提出〈教育改革總諮議報告書〉，具體出現「回流教育」字樣後，回流教育在我國即迅速發展而呈蓬勃之勢（蔡培村、武文瑛，2007）。1998 年教育部頒布〈邁向學習社會白皮書〉，提出「建立回流教育制度」、研訂教育改革行動方案，及「推展終身教育，建立學習社會」中程計畫；其後並推出在職進修專班及「進修學院」等學制，以落實回流教育的實施。故從 1998 年起，高等回流教育已成為大學推廣教育的重點工作。2002 年復公布〈終身學習法〉，在終身學習與學習社會思潮衝擊下，大學數量激增，回流教育人數暴增，使成人教育在高等教育領域佔有重要地位（鄭瓊月，2004）。

　　知識經濟時代的來臨，國民素質的提升有賴終身學習政策的落實，抑是國家發展與個人因應社會變遷及面對競爭激化的利器。持續進修的成人教育，成為終身教育的重要環節。因而回流教育成為終身學習的歷程，並使個人更具應付現代生活和解決問題的能力。部分高等回流教育學生自主學習、自我負責的強烈學習意願，使回流教育充滿自我導向學習（self-directed learning）的傾向。因此「喜愛學習」、「主動學習」，展現於部分回流教育學生的學習態度上。而自我導向學習的主要精神，是對自己的學習負責（陳啟明、梁仲正，2009）。

　　高等回流教育的學習主體，多為成人工作者；其就學原因，多以在職場遭遇挑戰或需求，而引發學習動機、進行學習計劃、尋求學習資源與協助，進而入學執行學習活動。故學習者多具備自願並主動參與學習活動之意願，且對學習深具責任感與決心，是一種肯定自我要求的學習歷程。（陳啟明、梁仲正，2009； Eble, 1998; Roberson & Merriam, 2005; Donavant, 2009）。

　　根據陳啟明與梁仲正（2009）的研究，不同人口統計變項在高等回流教育學生自我導向學習之差異情形如下：

1. 男生的「創造學習」大於女生。
2. 未婚的「主動學習」大於已婚。
3. 41-50 歲的成人在「喜愛學習」中，高於 30 歲（含）以下之成人；41-50 歲及 50 歲（含）以上的成人在「主動學習」中，高於 30 歲（含）以下之成人；31-40 歲及 41-50 歲的成人在「獨立學習」中，高於 30 歲（含）以下之成人。

　　此項研究成果，揭示了高等回流教育學生的性別、婚姻狀況與年齡層在學習上的差異；其中尤以年齡層與自我導向學習的數據，對高等回流教育的探索實深具意義，並提供了正規教育與回流教育繼續深入研究的方向。

三、性別與學習的相關研究

「性別」一詞的定義，可分為「生物性別」（sex）和「社會性別」（gender）兩種層面（葉至誠，2008）：所謂「生物性別」，是依據生理構造即解剖學上的差異來區分的男性或女性（宋鎮照，1997）；所謂「社會性別」，則是依據不同社會的歷史、文化、宗教所型塑的不同性別角色期待與性別特質（陳心怡、童伊迪、唐宜楨，2014；簡皓瑜譯，2004）：二者以先天、後天為區分。故性別角色是在社會文化中，大眾對男性或女性行為舉止的期望（楊宜憓、高之梅譯，2002）；亦是在社會文化影響下，適合於男性或女性的性別差異行為（陳雅騏、謝宇崴、吳尉慈、宋欣頤，2016）。因而性別角色不僅是個人認同的行為模式，更是所處的社會文化所型塑之理想化男女的行為標準與期望（杜宜展，2007）。

根據〈性別平等教育法〉（教育部，2013 修訂）第十七條規定：

1. 學校之課程設置及活動設計，應鼓勵學生發揮潛能，不得因性別而有差別待遇。
2. 大專校院應廣開性別研究相關課程。
3. 學校應發展符合性別平等之課程規劃與評量方式。

第十九條亦規定：「教師使用教材及從事教育活動時，應具備性別平等意識，破除性別刻板印象，避免性別偏見及性別歧視。」

由上述教育法規顯示，大專校院課程與教學需融入性別平等相關概念及課程設計，使大專學生能提升性別平等知識，適應性別和諧生活，以促進未來社會與家庭的安全與和樂，讓人人皆能獲得平等與尊重的友善環境。

　　故性別平等的教育理念，是希望透過「教育」的歷程和方法，使不同性別的學生都能在公平的立足點上發展潛能，不因生理、心理、社會及文化的因素而受到限制；進而促進男女在社會的機會均等，並在平等互助原則下，共同建立和諧的多元社會（國民教育社群網，2015）。於課程設計方面，需納入性別平等、多元文化的考量，尊重學生的主體性，藉創新教學方法，讓兩性學生積極參與自主學習、合作學習、探究學習（莊惠凱、廖啟順、蔡銘哲，2016），以營造和諧的學習氛圍。

　　然兩性學生因性別差異，導致生理、心理與學習特質各異：即不同性別的學生，從事學習或工作時所具備的知識、技能、態度、經驗、價值觀、與理解力等行為特質，及其所獲致的學業成就，可能截然不同。例如：數學性別刻板印象的形成，具長久以來歷史建構的過程；「男性數理頭腦較好」、「數學是男性的科學」等論調，使男女在數學表現的差異被論述成一種「事實」（洪秀珍、謝臥龍、駱慧文，2015）。兩性學生在英文學習的興趣、期待上課、開口勇氣及自信正向力，亦有不同的表現（呂昀珊，2015）。故科技大學生對圖像式媒體融入國文類課程的學習動機、學習成效與學習滿意度，是否會因性別而有差異，實為高等教育值得深入探討的另一研究方向。

四、圖像式媒體應用於教學的相關研究

　　「圖像」是一種視覺符號，簡稱為「圖」（王藍亭，2013）。以「圖像賦予意義」為傳達媒介，即所謂「視覺傳達設計」。「視覺傳達」是一種非語言傳達，視覺圖像本身便有著獨具的意義和功能。視覺傳達若結合數位媒體、影音動漫的設計，可創造一個數位的互動世界。不同圖像對不同的社會、文化，有著不同的美感意涵；不同性別亦有視覺偏好差異。一般說來，男性

比女性有較佳的距離感、空間感和視覺敏銳度（陳映汝、王藍亭，2015）；但女性整體審美程度與偏好評價卻高於男性（黃志成，2012）；因而不同性別對圖像的偏好是多元的。例如男生多喜歡粗獷的造型，女生多喜歡可愛的造型。故如將學生偏好的圖像類型融入課程，有助於提升學習意願，提高學習效果（陳映汝、王藍亭）。

「動畫」是藝術與技術的結合，具有獨特魅力的藝術形式，使原本不具生命的形象活絡起來，演出一幕幕動人的故事，帶給觀眾實拍技術難以呈現的幻覺饗宴。它以富美感的圖像，實現人類的夢想，豐富人們的精神世界，並為人們提供休閒娛樂的一種方式（楊錫彬，2016）。動畫運用「視覺暫留原理」，以連續性畫面輔以動作和聲音，表達一種故事或特殊主題（中華兒童百科全書，1983）。透過誇飾的人物、動作及戲劇性的劇情表演，運用動作設計的速度快慢，以誇張的表現形式，傳達嘲諷、幽默或純戲劇性效果（蔡金蓉，1988）。

「繪本」是「以圖為主」呈現故事的書籍，或圖像敘事的表現（Nodelman, 1988）。繪本可分為非虛構與虛構兩種，前者指傳記、科普等類型，盼能觸動讀者關切核能、戰爭、歷史或生態等現實議題；後者則指童話、奇幻等主題（鄭明進，2002；Painter, Martin, & Unsworth, 2013）。虛構作品較具超現實特質，容許讀者發揮想像而享美感反應（Herman, 2004；Ryan, 2004）。非虛構敘事研究多主張，讀者以「非文學」態度（non-literary attitude）評價作品「似真」與否（Csúri, 2010），盼求真以傳達確切資訊（Kiefer & Wilson, 2011；Nodelman & Reimer, 2003），並和讀者的生命經歷與文化記憶產生共鳴感動，引發美感反應（賴玉釵，2016）。故動畫與繪本，皆是美感教育的良好題材。

　　數位科技的飛速發展，開拓了人類的視野，也改變了教學與人才培育的方式。面對全球數位化的趨勢，世界各國多體認到資訊科技融入教育和數位學習的重要性，紛紛提出因應對策，以迎接科技日新又新的局勢（黃祺惠，2016）。我國教育部於 2013 年提出了為期四年（2014-2017）的〈數位學習推動計畫〉，除了提升臺灣學術網路頻寬、推動校園全面無線上網，還規劃在大學推動「磨課師（MOOCs）計畫」，鼓勵大學開設新一代精緻化大型線上開放課程，讓學生按照自己的進度學習，並完成線上自我評量及認證：可見資訊科技對當代教育的重要性（資訊及科技教育司，2014）。

　　然而多媒體教材設計應因應學科的特質（信世昌，1994）。而本研究之所以用多媒體動畫和數位繪本兩種圖像式媒體融入課程，以改進大學國文類通識教學，在課程方面，六朝志怪小說是中國古典奇幻小說的原創雛形，簡短生動有趣，且頗富倫理教育意義，極適合用動畫、繪本呈現，期能引發學生的學習興趣，提振其學習動機與成效。故研究者以數年來課餘指導學生的產學優質作品，作為融入課程的數位教學媒體。然蓋琦紓（2010）認為：多媒體資源可引起學生的學習興趣，但不宜完全取代文本的閱讀，以免降低了學生的文學感受力與中文閱讀的能力。故本課程雖以動畫和繪本融入教學，授課依然以文本閱讀為主，對學生國文程度的提升並未偏廢，以確切掌握課程多面向的學習效益。

第三節、課程規劃與媒體設計

　　本研究的課程規劃與媒體設計，是由研究者（國文教師）以相同的教材和進度，對日、夜、進各一班畢業年級的選修學生，分別以相同的多媒體動

畫和數位繪本，穿插融入傳統講述式教學；並以一學期 16 週（每學期 18 週，扣除期中、期末考試週），每週兩堂課，每堂課 45-50 分鐘的完整課程，呈現不同學制與性別的學生之學習效果。教學內容為相同的 60 則文言文短篇故事，文本都出自《幻說六朝──中國古典小說中的奇幻世界》（錢昭萍，2011）。教學場域具足電腦、單槍投影設備且功能正常，因此，研究對象能配合本研究實務之所需，並能讓研究者盡量控制可能影響教學課程的相關變項（如教師的教學方法、學校對課程的落實程度等），以確保教學成果的信度與效度。課程設計之目的，在於以動態圖像和靜態圖像穿插融入傳統講述式課程，三種教學方式依教學內容與進度交互輪替，探討學生們的學習動機、學習成效與學習滿意度之表現。以下僅以一則動畫、一則繪本，配合傳統講述式教學，說明如下：

一、傳統講述式教學

本課程第一種教學方式為「傳統講述」式教學，研究者依文本講述六朝志怪小說授課，學生則以視覺（文本＋板書）＋聽覺（講課）學習；目的在讓學生體驗雙重感官單一訊息（文字與語言）的學習效果。

二、數位繪本式教學

本課程第二種教學方式為「數位繪本」式教學，研究者依文本講述六朝志怪小說授課，同時播放以往帶領學生繪製的數位繪本為教具。課程以看圖說故事方式進行，學生則以視覺（文本＋板書＋靜態圖像）＋聽覺（講課）學習；目的在讓學生體驗雙重感官多重訊息（文字、圖像與語言）的學習效果。繪本範例如圖 3-1 所示。

（有一天，謝端在城外撿回一隻大田螺。此後，每天都有一位美麗少女為他做飯）

圖 3-1. 數位繪本範例

三、多媒體動畫式教學

本課程第三種教學方式為「多媒體動畫」式教學，研究者依文本講述六朝志怪小說授課，同時播放以往帶領學生繪製的多媒體動畫為教具。課程以看動畫、聽符合劇情的中國古典音樂，配合研究者講課的情境教學方式進行；學生則以視覺（動態圖像＋字幕）＋聽覺（音樂＋講課）學習；目的在讓學生體驗雙重感官多重訊息（文字＋圖像＋語言＋音樂）的學習效果。動畫縮圖表列如圖 3-2 所示。

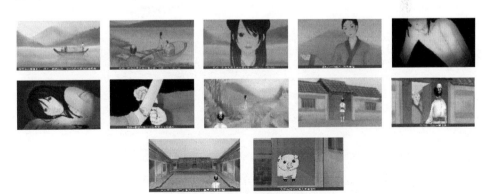

圖 3-2. 多媒體動畫範例

第四節、研究方法

一、研究架構

以下根據本研究的六項研究假設，形成本研究的研究架構：（圖 3-3）

（一）圖像式媒體融入教學，對不同學制的學生學習動機之影響

（二）圖像式媒體融入教學，對不同性別的學生學習動機之影響

（三）圖像式媒體融入教學，對不同學制的學生學習成效之影響

（四）圖像式媒體融入教學，對不同性別的學生學習成效之影響

（五）圖像式媒體融入教學，對不同學制的學生學習滿意度之影響

（六）圖像式媒體融入教學，對不同性別的學生學習滿意度之影響

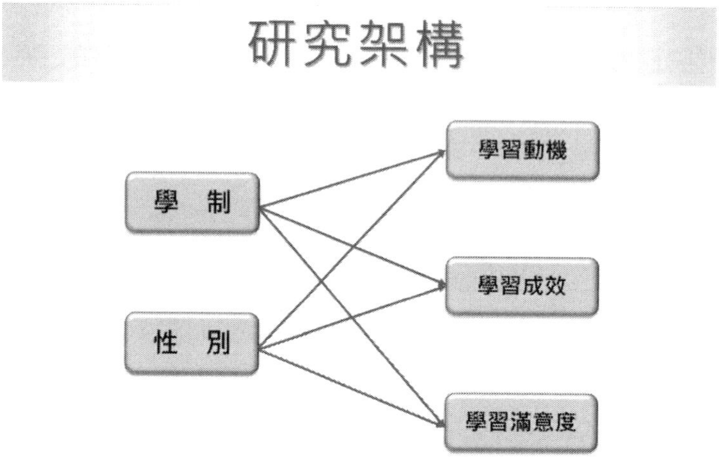

圖 3-3.　研究架構

二、施測規劃

　　本研究實驗對象為台灣中部某科技大學日、夜、進三種學制各一班畢業年級的選修生，表 3-1 是問卷＆測驗施測表：實驗班級有日間部的班、進修部（夜）的班，和進修學院（假日）的班。此三種學制的學生，皆以動畫和繪本融入傳統講述式教學授課；期初、期末各以問卷和測驗施測，探討不同學制與性別的學生對圖像式媒體融入教學的學習表現。

表 3-1　問卷＆測驗施測表

學制	N	有效樣本	期初施測	期末施測	課程	教室	教學方式
日	54	45	2014 年 9 月 25 日（星期四）14:00~15:00	2015 年 1 月 8 日（星期四）15:30~17:00	六朝小說（選）	CY B01	多元教學（動畫+繪本+文本+講課）
夜	48	40	2014 年 9 月 25 日（星期四）19:00~20:00	2015 年 1 月 8 日（星期四）18:30~20:00	六朝小說（選）	CY 203	多元教學（動畫+繪本+文本+講課）
進	49	40	2014 年 9 月 21 日（星期日）11:00~12:00	2015 年 1 月 4 日（星期日）10:40~12:10	六朝小說（選）	HT 205	多元教學（動畫+繪本+文本+講課）

三、研究工具

　　本研究的學習動機問卷參考自 Pintrich 與 DeGroot（1990）所採用之李克特七點量表問卷，共 8 題（含 1 題反向題）；學習滿意度問卷參考自 Chu、Hwang 與 Tsai（2010）所採用之李克特六點量表問卷，共 8 題（含 1 題反向題）；問卷皆直譯後修改為國文類課程適用版，並於電腦教室作線上施測。

　　本研究的測驗卷，乃研究者依課程內容與進度，於期初設計 5 個故事、每個故事各 4 題的 20 題四選一單選題（前測）；期末設計 25 個故事、每個故事各 4 題的 100 題四選一單選題，線上測驗時，由電腦隨機挑選 50 題施測（後測）。題目皆出自教學進度內的教材，包含故事內容、性質、人物個性、時代背景或思潮等，以了解學生的先備知識，並探討其學習成效。分析工具為 SPSS 22 統計軟體，以進行問卷與測驗的統計與分析。

四、施測流程

　　本課程的施測流程：期初－－學習動機問卷與測驗（前測），期末－－學習動機問卷、滿意度問卷與測驗（後測）。研究者在電腦教室對學生們說明問卷與測驗的性質、施測目的、填答態度與線上施測的方法，請學生上網依序填答。問卷與測驗的電子檔，已先匯入本校數位學習平台。待施測統計完成後，再將前後問卷的結果，與期初、期末成績，作交叉分析研究。

　　期初的學習動機前問卷，是用來了解學生對過去傳統國文教學的看法；前測驗，是用以確認學生對本課程的先備知識。期末考試，則配合學校的評量制度與時間，以呈現學生學期課程的學習成效。期末考同時，並實施學習動機後問卷與滿意度調查，以分析學生對課程的學習認知與情意。課程施測流程如圖 3-4 所示。

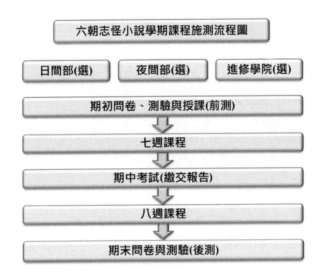

圖 3-4. 通識教學施測流程圖

五、研究工作流程

本研究於期末施測實施後,先後進行量化資料的統計與分析。首先於 151 份問卷＆測驗,剔除期初、期末有缺曠的 26 份不完整資料,而得到 125 份有效樣本,有效回收率 82.78%。再依本研究的研究問題,分別以 SPSS 22 之 *t* 檢定(T-test)及雙因子共變數分析(Two-way analysis of covariance)等統計方法,將前後問卷與測驗的分析結果交叉比對,以探討不同學制與性別的科技大學生,對圖像式媒體(動畫＋繪本)融入國文類教學的學習動機、學習成效與學習滿意度的表現之差異,期能對大學國文類課程改進教學,提出具體而富建設性之建言。

第五節、量化資料的分析與結果

一、問卷的信度與效度

　　首先分析有效問卷的信度：結果發現三種學制的學生之後問卷，在信度方面都相當良好。信度分析如表 3-2 所示。

表 3-2　信度分析摘要

後　問　卷（N=125）	*Cronbach's Alpha* 值
學習動機	0.851
學習滿意度	0.927

　　本問卷因參考專家學者的文獻，並由研究者偕同一位統計專業教師、兩位科技專業教師，就內容進行三次反覆審查、討論與修訂，故應具備優良的內容效度。學習動機問卷有七題（不含反向題），因素分析發現每題因素負荷量皆大於 0.65，解釋變異量 52.86%；滿意度問卷有七題（不含反向題），因素分析發現每題因素負荷量皆大於 0.75，解釋變異量 69.84%。

二、本課程前後測問卷的比較分析

　　為了探討動畫與繪本融入教學，對三種學制、不同性別受課學生的學習動機之影響，首先以成對樣本 *t* 檢定，檢驗其前後問卷，結果發現：學期課程前後，(1) 三種學制的學生，以進修學院和夜間部的學習動機之進步，皆

達顯著水準；日間部的學習動機卻未達顯著水準； (2) 不同性別的學生，其學習動機之進步，皆達顯著水準； (3) 進修學院不同性別的學生與夜間部女生，其學習動機之進步，皆達顯著水準； (4) 日間部不同性別的學生與夜間部男生的學習動機之進步，皆未達顯著水準。以上結果顯示：進修學院不同性別的學生與夜間部女生，對動畫與繪本融入國文類教學的學習情意（學習動機），較課前皆有非常顯著的進步；但日間部不同性別的學生與夜間部男生，其學習情意卻有待加強。分析結果如表 3-3、3-4、3-5 所示。

表 3-3 三種學制前後測學習動機成對樣本 *t* 檢定分析摘要

學 制	*N*	學 習 動 機				*t*
		前 測		後 測		
		Mean	*SD*	*Mean*	*SD*	
日	45	5.20	0.67	5.30	0.74	-1.10
夜	40	5.19	0.79	5.52	0.73	-3.62***
進	40	5.21	0.52	5.91	0.76	-8.09***

***p<0.001

表 3-4 不同性別前後測學習動機成對樣本 *t* 檢定分析摘要

性 別	*N*	學 習 動 機				*t*
		前 測		後 測		
		Mean	*SD*	*Mean*	*SD*	
男	62	5.09	0.65	5.37	0.80	-4.04***
女	63	5.31	0.67	5.76	0.71	-4.97***

***p<0.001

表 3-5　三種學制不同性別前後測學習動機成對樣本 t 檢定分析摘要

性　別　學　制		N	學　習　動　機				
			前　測		後　測		
			Mean	SD	Mean	SD	t
男	日	18	4.94	0.55	5.06	0.94	-0.68
	夜	21	5.17	0.79	5.30	0.64	-1.59
	進	23	5.12	0.57	5.69	0.73	-6.16***
女	日	27	5.37	0.70	5.47	0.52	-0.85
	夜	19	5.21	0.80	5.76	0.77	-3.52***
	進	17	5.34	0.43	6.20	0.71	-5.69***

***p<0.001

三、動畫與繪本對不同學制與性別的學生學習動機之影響

　　本研究以學制、班級為單位，為排除非隨機分派對實驗正確性的可能之誤差，並考慮學制與性別可能的交互作用對實驗結果之影響，故以下比較三種學制與不同性別的學生學習動機後測與學習成效的統計，採雙因子共變數分析為統計控制之方法，以彌補無法做實驗控制之不足（林清山，2005），並控制共變項（前測）的干擾效果，以增加實驗的內在效度（吳明隆、涂金堂，2006）。

　　為了分析動畫與繪本融入教學對不同學制與性別的學生學習動機之影響，以雙因子共變數分析檢驗其數據。然雙因子共變數分析須符合組內迴歸係數同質性檢定之假設，以確保共變項的控制效果在學制與性別的作用等同。因此首先檢定前測動機雙因子組內迴歸係數同質性，結果顯示：前測動機在學制與性別的組內迴歸同質性檢定顯著性 0.112，未達顯著水準，即前測動機具有組內迴歸同質性，符合雙因子共變數分析之假設。

　　因此，繼續以雙因子共變數分析，檢定學制與性別對學習動機之影響。結果顯示：學制與性別無交互作用存在，但學習動機因學制而有所差異，也因性別而有所不同；事後比較發現：進修學院的學習動機明顯高於夜間部學生，二者並明顯高於日間部學生；女生的學習動機明顯高於男生。分析結果如表 3-6、3-7 所示。

表 3-6　學制與性別對學習動機雙因子共變數分析摘要

變異來源	SS	df	MS	F	$Sig.$	η^2
前測動機	28.54	1	28.54	93.86	0.000	0.443
學制	7.46	2	3.73	12.27***	0.000	0.172
性別	2.70	1	2.70	8.88**	0.004	0.070
學制*性別	0.58	2	0.29	0.95	0.391	0.016
誤　差	35.88	118	0.30			
校正後全體	75.16	124				

**$p<0.01$　***$p<0.001$　（學制*性別：學制與性別的交互作用）

表 3-7　學制與性別對學習動機雙因子共變數分析統計資料摘要

| 因子 | 組別 | N | 前測動機 | | 後測動機 | | | | F | 顯著性 |
| | | | | | 調整前 | | 調整後 | | | |
			$Mean$	SD	$Mean$	SD	$Mean$	SD		
學制	日	45	5.20	0.67	5.30	0.74	5.30	0.56	12.27***	0.000
	夜	40	5.19	0.79	5.52	0.73	5.64	0.55		
	進	40	5.21	0.52	5.91	0.76	5.93	0.56		
性別	男	62	5.09	0.65	5.37	0.80	5.43	0.56	8.88**	0.004
	女	63	5.31	0.67	5.76	0.71	5.74	0.57		

**$p<0.01$　***$p<0.001$

四、動畫與繪本對不同學制與性別的學生學習成效之影響

為了分析動畫與繪本融入教學對不同學制與性別的學生學習成效之影響，以雙因子共變數分析檢驗其數據。首先檢定前測成績在學制與性別的雙因子組內迴歸係數同質性，結果顯示：顯著性 0.782，未達顯著水準，即前測成績具有組內迴歸同質性，符合雙因子共變數分析之假設。

因此，繼續以雙因子共變數分析，檢定學制與性別對學習成效之影響。結果顯示：學制與性別無交互作用存在，學習成效不受學制的影響，但因性別而有所差異；事後比較發現：女生的學習成效優於男生。分析結果如表 3-8、3-9 所示。

表 3-8　學制與性別對學習成效雙因子共變數分析摘要

變異來源	SS	df	MS	F	$Sig.$	η^2
前測成績	315.93	1	315.93	3.41	0.067	0.028
學制	187.16	2	93.58	1.01	0.367	0.017
性別	487.09	1	487.09	5.26*	0.024	0.043
學制*性別	53.43	2	26.71	0.29	0.750	0.005
誤　差	10931.60	118	92.64			
校正後全體	11975.20	124				

*p<0.05　（學制*性別：學制與性別的交互作用）

表 3-9 學制與性別對學習成效雙因子共變數分析統計資料摘要

因子	組別	N	前測成績		後測成績				F	顯著性
					調整前		調整後			
			Mean	SD	Mean	SD	Mean	SD		
學制	日	45	44.22	11.48	86.84	8.30	86.58	9.82	1.01	0.367
	夜	40	44.00	9.49	84.83	8.55	84.95	9.64		
	進	40	44.13	7.42	87.85	12.31	88.27	9.74		
性別	男	62	44.76	9.12	84.68	11.26	84.57	9.68	5.26*	0.024
	女	63	43.49	10.11	88.33	7.85	88.63	9.83		

*$p < 0.05$

五、動畫與繪本對不同學制與性別的學生學習滿意度之影響

為了分析動畫與繪本融入教學對不同學制與性別的學生學習滿意度之影響，以雙因子變異數分析檢驗其數據。結果顯示：學制與性別無交互作用存在，學習滿意度不受學制的影響，但因性別而有所差異；事後比較發現：女生的學習滿意度明顯高於男生。分析結果如表 3-10、3-11 所示。

表 3-10 學制與性別對學習滿意度雙因子變異數分析摘要

變異來源	SS	df	MS	F	Sig.	η^2
學制	0.67	2	0.34	0.82	0.443	0.014
性別	3.64	1	3.64	8.93**	0.003	0.070
學制*性別	1.56	2	0.78	1.91	0.153	0.031
誤差	48.56	119	0.41			
校正後全體	54.42	124				

**$p < 0.01$　（學制*性別：學制與性別的交互作用）

表 3-11　學制與性別對學習滿意度敘述統計表

因子	組別	N	Mean	SD	F	顯著性
學制	日	45	4.95	0.60		
	夜	40	4.90	0.65	0.82	0.443
	進	40	5.08	0.74		
性別	男	62	4.80	0.71	8.93**	0.003
	女	63	5.14	0.57		

**p<0.01

第六節、結論、展望與建議

　　本研究以多媒體動畫和數位繪本兩種圖像式媒體融入國文類通識教學，對日、夜、進三種學制各一班畢業年級的選修生進行學期課程，經期初、期末問卷與測驗的資料分析之結果，探討圖像式媒體融入國文類課程對不同學制與性別的科技大學生之學習動機、學習成效與學習滿意度的影響。根據資料交叉分析之結果，歸納出以下幾項具體結論：

一、圖像式媒體融入國文類課程對不同學制的學生學習之影響

　　根據期初、期末學習動機的分析結果，本課程以動畫和繪本融入教學，進修學院和夜間部學生的學習動機，皆有非常顯著的進步；但日間部學生的學習動機卻無顯著進步。以上分析可獲致一項結論：回流教育（進修學院與夜間部）兩種學制的學生，對圖像式媒體融入國文類教學，無論動態、靜態，皆能明顯提升學習動機；但正規教育（日間部）學生的學習動機之提升，卻不如回流教育的學生為佳。

　　再就圖像式媒體融入國文類教學對不同學制的學生之學習動機、學習成效與學習滿意度的影響來看，學習動機因學制而有所差異：進修學院的學習動機明顯高於夜間部學生，二者並明顯高於日間部學生；而學習成效則不受學制的影響；至於學習滿意度，根據期末問卷的分析結果，亦不因學制而有所差異，即學習滿意度不受學制的影響。

　　造成上述三種學制的學生對圖像式媒體融入國文類教學之學習動機有落差的原因，可從不同學制的學生之學習歷程、年齡、學習意願與自我導向學習等方面來詮釋：

　　夜間部與進修學院的學生，往昔或因家庭因素、或因個人求學意願及認真度等問題，導致正規教育中輟，學習歷程較為坎坷。其後年齡較長，基於現實環境或職場需求，對求學重新燃起渴望，在重返校園接受回流教育之際，對學習機會與教學資源較能珍惜。而往昔圖像式媒體教具不多，動畫與繪本融入教學的課程極少，圖像式媒體融入國文類教學的機率更是少之又少；故學生們面對動畫與繪本融入國文類教學時，歡欣雀躍與體諒老師用心良苦的心情，會提升學習動機。而日間部學生的年紀輕，求學歷程平順，對

圖像式媒體接觸的機會較多，面對動畫與繪本融入國文類教學時，新鮮、有趣的感受，不如回流教育的學生強烈；對老師用心製作教具的苦心，較不能體會，故學習動機有待加強。

本研究回流教育學生之學習動機明顯高於正規教育學生的研究結果，與陳啟明、梁仲正（2009）所編製的「高等回流教育學生自我導向學習量表」之研究成果相符：「高等回流教育學生自我導向學習現況前五名排名為：一、對我來說，懂得如何學習是重要的；二、我對所學的東西有興趣，就會認真學習；三、學習是有趣的；四、對於我需要知道的東西，我都能自己去學習；五、對於想學的事物，我會設法自己去學習。」這說明了高等回流教育學生的自我導向學習之意願與決心，非常強烈。在同論文中，「不同人口統計變項在高等回流教育學生自我導向學習之差異情形」的研究成果，以 41-50 歲的成人，或含 50 歲以上的成人，或含 31-40 歲的成人，在「喜愛學習」、「主動學習」與「獨立學習」等項目中，皆高於 30 歲（含）以下之成人（陳啟明、梁仲正）。這說明了高年齡層的成人之自我導向學習，明顯優於低年齡層的成人。這與上述本研究「進修學院與夜間部的學習動機明顯 高於日間部的學生」之研究結果，在年齡層與學習歷程方面，正可參照詮釋。

至於同屬回流教育學制的夜間部與進修學院學生學習動機之差異，根據研究者教學經驗的觀察研究，一方面夜間部學生的一般年齡層低於進修學院的學生：夜間部部分生源來自高中職甫畢業，或因大學聯考失利，或因家庭環境不允許，而委曲求全、繼續以半工半讀方式完成學業的年輕學子，其學習動機之不夠強烈，當與上述年齡層、學習意願及學習認真度有關（陳啟明、梁仲正，2009）；另一方面，夜間部學生多白天工作夜晚上課，其身心疲憊所引起的倦怠感，必然影響學習動機。而進修學院學生的年齡層一般較高，其生源多來自年少失學、中年力爭上游的上班族，其中甚至不乏職場

中高階主管或經理、老闆之流；彼等平日工作繁忙，多因職場升遷，或為提升企業形象等現實需求，而選擇假日進修，故其學習意願高昂，認真度十足；而精神體力方面，假日上課無工作壓力，可集中精神專注學習，較白天工作夜晚進修者，勞逸相去甚遠，故其學習動機明顯較高。

二、圖像式媒體融入國文類課程對不同性別的學生學習之影響

根據期初、期末學習動機的分析結果，本課程以動畫和繪本融入教學，進修學院不同性別的學生與夜間部女生的學習動機，皆有非常顯著的進步；但日間部不同性別的學生與夜間部男生的學習動機卻無顯著進步。以上分析可獲致一項結論：進修學院不同性別的學生與夜間部女生，對圖像式媒體融入國文類教學，無論動態、靜態，皆能明顯提升學習動機；但日間部不同性別的學生與夜間部男生的學習動機之提升，則不如進修學院不同性別的學生及夜間部女生為佳。

再就圖像式媒體融入國文類教學對不同性別的學生之學習動機、學習成效與學習滿意度的影響來看，學習動機因性別而有所差異，學習成效亦因性別而有所不同：女生的學習動機與成效皆優於男生；至於學習滿意度，根據期末問卷的分析結果，亦因性別而表現各異：女生的學習滿意度明顯高於男生。

造成女生的學習動機、學習成效與學習滿意度皆優於男生的原因，性別角色、學習情緒與學習能力，皆當是因素之一。故以下便就兩性學生的性別角色、學習情緒與學習能力三方面來詮釋：

（一）　就兩性學生的性別角色而言：

　　社會對男性的性別角色期待多屬獨立的、幹練的、理性的、主動的，對女性的性別角色期待則較屬溫柔體貼的、善解人意的、感性的、依賴的（王芳醴等，2015）。兩性性別角色之不同，對學習表現的影響，使男生容易產生一種「抗拒表現」、「抗拒權威」的反叛文化，而導致男生的學習動機較女生弱（李國生，2001）；故其學習成效與學習滿意度受學習動機之影響，而表現亦然。

（二）　就兩性學生的學習情緒而言：

　　根據正向心理學（Positive Psychology）的研究，正向情緒會啟動大腦分泌大量的快樂賀爾蒙 β-endorphin，益於個人生理、心理和社會互動的良好發展；讓認知思考保持彈性，提升學習的記憶，讓學習變得更有效率（李新民，2009；曾文志，2010）。Fredrickson（2001）的擴展建構理論（the broaden andbuild theory）亦闡明，正向情緒能讓認知系統將既有的素材進行廣泛的連結，並納入思考的脈絡，以擴展人類思考和行動的廣度（羅希哲、蔡慧音、陳錦慧、詹為淵，2015）。如上章所言，據 Frenzel、Pekrun 與 Goetz（2007a）的研究發現：男生在學習數學時，比女生有較高的樂趣，及較低的焦慮與生氣；女生在從事閱讀活動時，比男生有較高的正向學習情緒（巫博瀚、賴英娟，2011；Wu, 2010）。而正向情緒會影響學習動機、學習成效與學習滿意度，使學習表現較佳。

（三）就兩性學生的學習能力而言：

女生通常在語文、閱讀、書寫和長期記憶等方面的能力，比男生強。男生則在「視象空間處理」（visuospatial processes）、數理應用能力，及科技類比推理方面的表現，較女生佳（李國生，2001）。學習能力會影響學習自信心，進而影響學習動機、學習成效與學習滿意度，使學習表現趨於一致。

三、不同學制與性別的學生認知與情意表現紛歧的教育意義

綜上所述，不同學制與性別的學生，在動畫和繪本融入國文類教學的學期課程之學習表現不盡相同：

(一)就學習動機而言：年齡層愈高的學生（進修學院與夜間部學生），
　　學習動機愈高；年齡層愈低的學生（日間部學生），學習動機愈低。
　　女生的學習動機明顯高於男生。
(二)就學習成效而言：女生的學習成效優於男生。
(三)就學習滿意度而言：女生的學習滿意度明顯高於男生。

以上研究結果，除了顯示當今科技大學的國文類教育，當致力於改善教材設計、改進教學方法，以提升不同學制與性別的學生之學習動機、學習成效與學習滿意度而外，學生的認知（學習成效）與情意（學習動機與學習滿意度）之紛歧表現，對教師而言，無疑是一個須投入關注的課題：學校教育的意義，在於經由教學，使學生能獲致知識，並得到人格的化育與薰陶。認知方面可透過創意教學，提升學生的學習動機與學習滿意度；並以測驗檢證其學習成效。情意方面則可透過問卷、上課態度與課後表現，觀察教學課程對學生的陶冶程度：包括學生對課程的接受、喜愛度、對學習的責任感，以及是否將所學內省、深化，成為樹立人格的基石等。高等教育只是終身學習的一環，而大學課程亦只是建構全人教育的一項基礎而已。故提升學生對課

程的認知與情意，使之經由對課程的學習，培養對學習的熱誠；並由課程內容，得到心靈的潛移默化：使其思言行為與人生價值觀，均得到淬鍊與提昇，實乃國文類通識課程的教育意義。

總之，教育的意義，在於改善學生的學習動機，增進其學業表現，再回饋到其原先的認知與情意系統，讓學生對自己的學習具責任感（張景媛，1991）；並使之成為喜愛學習、主動學習的自主學習者（陳啟明、梁仲正，2009），對終身學習而言，當更具意義。

基於輔導學生學習的立場，本研究未來將以學習風格和多元智能等學習本質取向，探討國文類課程學生多面向的學習表現，作為因材施教的努力方向。

四、本研究的研究限制

本研究的研究對象，僅限於台灣中部某科技大學日、夜、進三種學制畢業年級各一班學生，因此研究結果之推論，應為類似本研究對象的科技大學不同學制高年級學生，並不宜推論至各類大學的所有學生。而部分研究對象因參與感與認真度不夠，難免降低了研究結果的準確性。且本研究的教學內容，屬於國文領域的故事性教材，故研究結果，僅供科技大學文史類通識課程教學設計之參考；至於能否推論至普通大學或其他課程，則有待更深入的觀察與研究。而本研究評量學習成效的測驗卷，皆以文字形式呈現，這對國文先備知識不足的學生，或許會造成某種程度的填答困難。至於圖像式媒體繪製的藝術水平，是否會造成部分學生的學習動機、學習成效與學習滿意度之影響，亦是一個須列入評估的問題。而學生的學習特質與人格發展，是否會影響其對教學媒體的接受度，亦是後續值得探討的課題。

五、多元教學融入國文類課程的建議與展望

　　以上分析三種學制畢業年級各一班學生問卷與測驗的回饋資料，可約略建構科技大學改進國文類教學的多面向建議與展望：一般說來，年輕學子對傳統國文課程的刻板印象是「枯燥乏味」，尤其文言文的授課內容，因其艱深且與現實生活脫節，常會令他們覺得「無聊、無趣」或「不實用」。但不容否認：國文類課程深負文化傳承、人文素養與國語文訓練的多重使命。隨著科技的進步與經濟的成長，社會對傳統文化的日趨漠視與學生國文程度的日益低落，教學內容的多元化與教學方式的趣味化，實乃國文教師們責無旁貸的努力方向。

　　研究者深感於此，多年來在課程設計、媒體製作與改進教學方式所做的努力，經由圖像式媒體融入教學，問卷、測驗與統計、分析，深切體察到不同學制與性別的學生，其學習表現或學習需求可能截然不同。這顯示其學習背景的差異與學習本質的紛歧，應以不同的課程設計與教學策略，提供適性化教學。加以學生人格特質的問題，尤須教師們付出更多心力關懷、輔導，以提升學生的學習情意。以上研究反思，提供科技大學國文教師們參考。

　　此外，多元教學最能提升不同學制、領域與性別的學生之學習興趣：動畫、繪本的融入課程，詩畫 PPT 的主題式教學，網路資源的臨場感體驗；說故事的穿插點綴，問答法的師生互動，分組報告的觀摩學習，要以創新、活用多元而饒富趣味的教材、教具與教學方式，讓學生們減輕認知負荷並快樂地學習，當能引發更多學生的學習動機，凝聚其專注力，提高其學習滿意度，而獲致最佳的學習成效：以上教學反思，亦提供科技大學文史類通識教師們參考。

參考文獻

王芳醴、張燦明、李玫憲（2015）。大學生性別角色、金錢態度與理財行為之研究：以修平科大學生為例。**修平學報**，31，135-156。

王靖婷（2009）。大學國文教學面面觀：相關研究之回顧與展望。**通識學刊：理念與實務**，**1**（4），139-171。

王慧茹（2013）。理解、詮釋、應用的合一──多元議題融入國文課程示例及其展開。**全人教育學報**，11，1-23。

王藍亭（2013）。**螢幕圖像傳達之視知覺偏好研究**（博士論文）。取自台灣博碩士論文知識加值系統：http://handle.ncl.edu.tw/11296/ndltd/16512544931437459044。

江宜樺（2003）。教育部顧問室通識教育計畫辦公室舉辦之「**通識教育系列座談（三）**」會議記錄。江宜樺（主持人），台北市中央聯合辦公大樓南棟十八樓第十二會議室。

行政院教育改革審議委員會（1996）。**教育改革總諮議報告書**。台北市：行政院教育改革審議委員會。

行政院教育改革審議委員會（1996）。**教育基本法**（1999年通過實施）。

何昕家（2016）。探究通識教育與環境教育融滲取徑。**通識學刊：理念與實務**，**4**（1），137-174。

吳明隆、涂金堂（2006）。**SPSS與統計應用分析**。台北市：五南。

呂昀珊（2015）。學術主修及性別對大專學生之英文學習正向力的影響：透過角色扮演之比較研究，**健行學報**，**35**（4），79-94。

宋鎮照（1997）。**社會學**。台北市：五南。

巫博瀚、賴英娟（2011）。性別、自我效能、工作價值、科學素養及學校層次因素對臺灣青少年學習情緒之影響：個人與情境交互作用之多層次分析。**教育科學研究期刊**，**56**（3），119-149。

李國生（2001）。**學習與性別差異**。「廿一世紀男女生的教育研討會」講詞。香港：平等機會委員會。

李新民（2009）。國中生正向情緒創造對實用智能、美德行為的影響。**高雄師大學報：教育與社會科學類**，**27**，83-112。

杜宜展（2007）。大學生性別角色刻板印象之研究。**實踐博雅學報**，**8**，111-148。

孟建（2005）。**圖像時代：視覺文化傳播的理論詮釋**。上海：復旦大學。

林清山（2002）。**心理與教育統計學**。台北市：東華。

邱秀香（2016）。實踐大學高雄校區通識教育課程之規劃研究。**實踐博雅學報**，**23**，51-67。

信世昌（1994）。國文教學的本質與多媒體設計。**教學科技與媒體**，**16**，45-51。

洪秀珍、謝臥龍、駱慧文（2015）。科技大學女學生「數學領域認同」、「數學性別刻板」、「性別角色刻板」、「情境訊息」與「數學焦慮」之研究，**科學與人文研究**，**3**（3），30-54。

紀俊龍（2015）。服務學習融入國文教學之實踐—以大一國文《史記》選讀為例。**人文研究學報**，**49**（2），77-96。

紀秋雲、蔡明貴（2016）。資訊科技融入教學策略對國小高年級學童學習成效之研究。**學校行政**，**103**，34-60。

唐宜楨、陳心怡、童伊迪（2015）。從社會工作人員之性別角色態度初探反思家庭內性別教育。**家庭教育雙月刊**，**58**，6-19。

國民教育社群網（2015）。**性別平等教育**。取自：http://teach.eje.edu.tw/9CC/discuss/diccuss4.php

張添洲（2014）。職業教育改革與經濟轉型發展—建構台灣現代職業教育體系。**商業職業教育**，**135**，41-48。

張景媛（1991）。大學生認知風格、動機與自我調整因素、後設認知與學業成績關係之研究。**教育心理學報**，**24**，145-161。

教育部（1984）。**大學通識教育選修科目實施要點**。台北市：教育部。

教育部（1998a）。**邁向學習社會白皮書**。台北市：教育部。

教育部（1998b）。**「推展終身教育，建立學習社會」中程計畫**。台北市：教育部。

教育部（2001）。**大學教育政策白皮書**。台北市：教育部。

教育部（2002）。**終身學習法**。台北市：教育部。

教育部（2003）。**個別型通識教育改進計畫邀請書**。台北市：教育部。

教育部（2013）。**性別平等教育法**。台北市：教育部。

教育部資訊及科技教育司（2014）。**「數位學習推動計畫」103 年起全面啟動**。台北市：教育部。

莊明貞（2005）。**性別與課程：理念、實踐**。台北市：高等教育。

莊惠凱、廖啟順、蔡銘哲（2016）。探討大專生性別平等議題融入學科教學活動設計之研究。**臺北城市科技大學通識學報**，**5**，301-316。

陳心怡、童伊迪、唐宜楨（2014）。大學社會工作課程的性別能力教學與學習。**當代社會工作學刊**，**6**，50-85。

陳映汝、王藍亭（2015）。國中學生對卡通角色造形與圖像之偏好差異研究。**視覺藝術論壇**，**10**，96-125。

陳啟明、梁仲正（2009）。高等回流教育學生自我導向學習之量表建構與自我認知之研究—以某科技大學附設進修學院學生為例。**臺中教育大學學報：教育類**，**23**（2），205-230。

陳雅騏、謝宇崴、吳尉慈、宋欣頤（2016）。廣告標語修辭之性別偏好差異。**圖文傳播藝術學報**，**2016**，447-466。

曾文志（2010）。讓正向情緒擴展與建構孩子的未來。**師友月刊**，**517**，62-67。

黃志成（2012）。**不同性別青少年對卡通圖像之審美與偏好差異**（碩士論文）。取自臺灣博碩士論文知識加值系統：
http://handle.ncl.edu.tw/11296/ndltd/00542570928231361382。

黃富玉（2016）。臺灣地區大學衍生企業發展之探析。**學校行政**，**102**，201-216。

黃祺惠（2016）。高中美術「停格動畫」教學之成效評估研究。**中等教育**，**67**（1），87-104。

楊福清（2002）。私立技專校院轉型科技大學策略規劃作法之初探。**技術及職業教育**，**69**，2-8。

楊錫彬（2016）。動畫的品牌行銷之探討─以小小兵動畫為例。**中國廣告學刊**，**21**，82-97。

葉至誠（2008）。性別平權與社會政策。**空大學訊**，**397**，54-61。

臺灣省政府教育廳兒童讀物編輯小組（1983）。**中華兒童百科全書**。台北市：臺灣書店。

蓋琦紓（2010）。生命美感與文學讀解─大一國文課程的教學設計。**高醫通識教育學報**，**5**，1-14。

蔡金蓉（1988）。**卡通製作技巧**。視覺美學會主編。台北市：武陵。

蔡美惠、陳麗宇（2011）。服務學習與數位製作混成教學法應用於國文教學之課程設計實例。**北商學報**，**20**，159-174。

蔡培村、武文瑛（2007）。我國回流教育政策發展回顧與檢討。**教育實踐與研究**，**20**（1），91-118。

鄭明進（2002）。**傑出科學圖畫書插畫家**。台北市：雄獅美術。

鄭博真、王靖婷（2008）。大學通識課程之創新教學與評量：以多元智能理論為基礎。**通識學刊：理念與實務**，**1**（3），97-124。

鄭瓊月（2004）。大學院校進修推廣教育發展的困境與因應。**成人及終身教育**，**1**，38-44。

蕭建華、張俊彥（2012）。介入自我效能對不同性別學生「自我學習評估」與「學習成效」之影響─以高一地球科學為例。**科學教育**，**352**，28-34。

蕭英勵（2007）。資訊教育新趨勢—以互動式電子白板融入教學為例。**中等教育，58**（4），118-130。

蕭英勵（2008）。資訊教育奉獻的行動實踐—擔任 PBL 專業教師巡迴輔導有感。**中等教育，59**（2），140-152。

賴玉釵（2015）。繪本敘事轉述為影像歷程初探：以繪本《雨果的秘密》之跨媒介轉述為例。**傳播研究與實踐；5**（2），79-120。

賴玉釵（2016）。讀者詮釋「非虛構繪本敘事」之交流歷程及反應初探：以國際繪本大獎作品為例。**中華傳播學刊，29**，137-182。

錢昭萍（2011）。**幻說六朝—中國古典小說中的奇幻世界**。台北市：五南。

謝臥龍（2004）。**知識型構中性別與權力的思想與辯證**。台北市：唐山。

簡素蘭（2005）。運用數位化多媒體教材輔助國中國文教學。**台灣教育，631**，29-35。

羅希哲、蔡慧音、陳錦慧、詹為淵（2015）。高中女生在 STEM 情緒專案式學習之創造歷程研究。**高雄師大學報：教育與社會科學類，39**，63-84。

Archer, J. & B. Lloyd.（2004）。**性與性別**（簡皓瑜，譯）。台北市：巨流。（原著出版年：2002）

Burr, V.（2002）。**性別與社會心理學**（楊宜憓、高之梅，譯）。台北市：五南。（原著出版年：1998）

Harvard committee.（2010）。**自由社會的通識教育**（謝明珊，譯）。新北市：韋伯。（原著出版年：1945）

Chu, H. C., Hwang, G. J., & Tsai, C. C. (2010). A knowledge engineering approach to developing mindtools for context-aware ubiquitous learning. *Computers & Education, 54*(1), 289-297.

Csúri, K. (2010). Meaning in poetry: A model of literary reading. In J. S. Petöfi & T. Olivi (Eds.), *Approaches to poetry: Some aspects of textuality, intertexuality and intermediality* (pp. 32-62). New York: Palgrave Macmillan.

Donavant, B. W. (2009). The new, modern practice of adult education: Online learning instruction in a continuing professional education setting. *Adult Education Quarterly, (59)* n.3, 227-245.

Eble, K. E. (1998). *The craft ofteaching. 2nd (ed)*. San Francisco, CA: Jossey-Bass Inc.

Elleström, E. (2010). The modalities of media: A model for understanding intermedial relations. In L. Elleström (Ed.), *Media borders, multimodality and intermediality* (pp. 11-48). New York, NY: Palgrave Macmillan.

Fredrickson, B. L. (2001). The role of positive emotions in positive psychology: The broaden-and-build theory of positive emotions. *American Psychologist, 56*(3), 218-226.

Frenzel, A. C., Pekrun, R., & Goetz, T. (2007a). Perceived learning environment and students' emotional experiences: A multilevel analysis of mathematics classrooms. *Learning and Instruction, 17*(5), 478-493.

Faubert, P. (2011). "Perfect Picture Material:" Anthony Adverse and the future of adaptation theory. *Adaptation, 4*, 180-198.

Herman, D. (2004). Toward a transmedial narratology. In M. Ryan (Ed.), *Narrative across media* (pp. 46-75). Lincoln, NB: University of Nebraska Press.

Jenkins, H. (2006a). *Convergence culture: Where old and new media collide*. New York, NY: New York University Press.

Kuskin, W. (2010). Vulgar metaphsicians: William S. Burroughs, Alan Moore, art spiegelman, and the medium of the book. In M. Grishakova & M. Ryan (Eds.), *Intermediality and storytelling* (pp. 49-77). New York, NY: De Gruyter.

Kiefer, B., & Wilson, M. I. (2011). Nonfiction literature for children: Old assumption and new directions, In S. A. Wolf, K. Coats, P. Enciso, & C. A. Jenkins (Eds.), *Handbook of research on children's and young adult literature* (pp. 290-301). New York: Routledge.

Kuhn, J. T., & Holling, H. (2009). Gender, reasoning ability, and scholastic achievement: Amultilevel mediation analysis. *Learning and Individual Differences, 19*(2), 229-233.

McHale, B. (2010). Narrativity and segmentivity, or, poetry in the gutter. In M. Grishakova & M. Ryan (Eds.), *Intermediality and storytelling* (pp. 27-48). New York, NY: De Gruyter.

Meikle, K. (2013). Rematerializing adaptation theory. *Literature/Film Quarterly, 41*(3), 174-183.

Moore, M. R. (2010). Adaptation and new media. *Adaptation, 3*, 179-192.

Nodelman, P. (1988). *Words about pictures: The narrative art of children's picture books.* Athens, GA: University of Georgia Press.

Nodelman, P., & Reimer, M. (2003). *The pleasures of children's literature* (3rd ed.). Boston, MA: Allyn and Bacon.

Painter, C., Martin, J. R., & Unsworth, L. (2013). *Reading visual narratives: Image analysis of children's picture books*. London: Equinox.

Pintrich, R. R., & DeGroot, E. V. (1990). Motivational and self-regulated learning components of classroom academic performance. *Journal of Educational Psychology, 82*, 33-40.

Roberson, D. N., & Merriam, S. B. (2005). The self-directed learning process of older, ruraladults, *Adult Education Quarterly, 55*(4), 269-287.

Ryan, M. (2004). Introduction. In M. Ryan (Ed.), *Narrative across media* (pp. 1-39). Lincoln, NB: University of Nebraska Press.

Sullivan, A. (2009). Academic self-concept, gender and single-sex schooling. *British Educational Research Journal, 35*(2), 259-288.

Wolf, W. (2005). Intermediality. In D. Herman, M. Jahn, & M. Ryan (Eds.), *Routledge encyclopedia of narrative theory* (pp. 252-256). London, UK: Routledge.

Wu, P.-H., Luh, W.-M., & Lai, Y.-C. (2010, April). The effects of perceived learning environment on the achievement emotions: Analyzing clustered data by using linear mixed models. Paper presented at the 2010 annual meeting of the *American Education Research Association* (AERA), Denver, CO.

作者簡介

錢昭萍 1*，嶺東科技大學通識教育中心，講師（實驗設計、籌備、執行 & 論文寫作、製表、版面設計、校稿、改稿、聯絡）

Chao-Ping Chien is a Lecturer of General Education Center, Ling Tung University, Taichung, Taiwan. (Corresponding Author)

梁麗珍 2，嶺東科技大學財政系，副教授（數據統計）

Li-Jeng Liang is an Associate Professor of Department of Public Finance, Ling Tung University, Taichung, Taiwan.

（本章刊登於人文社會學報第 13 卷第 3 期_2017 年 9 月，ISSN：1819-7205）

第四章 因材施教——

認知風格和多元智能對國文數位學習的影響

摘　要

　　本研究以準實驗法，探討學生的不同學習偏好與智能，對大一國文課數位化教學的學習動機與學習成效之影響。實驗對象為台灣中部某科技大學設計與非設計學院各兩班大一新生，研究分前後兩階段進行：（一）上學期：研究者以自製的多媒體動畫或數位繪本配合文本 PPT，隨機對不同領域各一班學生做實驗教學，另兩班則以傳統教學，讓學生們學習五篇六朝志怪小說；並於課程前後，各填寫一份學習動機問卷與測驗，探討數位化教學對學生們學習的影響。（二）下學期：再以認知風格和多元智能量表，對實驗教學的四班學生施測，而得到 180 份有效樣本。將認知風格和多元智能的評量結果，交叉比對學習動機後測與學習成效之分析結果，探討影響學習動機與成效的因素。研究發現：對不同媒體的學習動機與成效，的確和個人的學習偏好與智能有關。故教師宜設計多元化的教材，以教導不同屬性的學生。

關鍵字：多元智能、科技大學生、設計與非設計學院、認知風格、學習動機
　　　　　與成效

Chapter Four: Teaching in accordance with student's aptitude-Influence of Cognitive Styles and Multiple Intelligences on Digital Learning in Chinese Courses

Abstract

A quasi-experiment was used in this study to investigate the impact of students' cognitive style and multiple intelligences on their learning motivation and effectiveness in a digitalized freshman Chinese class. The experimental subjects are four classes of freshmen whose majors are design and non-design in a technology university located in central Taiwan. The research was divided into two stages. (1) In the first stage, two classes (one design and one non-design) learn five chapters of mysterious stories in six dynasties by two kinds of media presentation (multimedia animation & digital painting) randomly. The other two classes (one design and one non-design) learn the stories from the teacher's lectures. The subjects needed to fill out a learning motivation questionnaire and take a test after learning to explore the digitalized teaching effectiveness on the subjects. (2) In the second semester, the subjects need to fill out the questionnaire and tests that include cognitive styles and multiple intelligences scales. There are total 180 effective samples obtained in the experiment. The assessment results of cognitive styles and multiple intelligences are cross-compared with analysis of the motivation and performance results. The findings show that individual learning preferences and intelligences have different impact on the students' learning motivation and effectiveness. Hence, a great concern should be paid to the difference of students' nature while teaching.

Keywords: multiple intelligence, technology university students, design school and non-design school, cognitive style, learning motivation and effectiveness

第一節、前言

一、研究動機與目的──探討影響學習動機與成效的因素

教學科技化，促進了教學的革新與教學品質的提升。學校教育與職場的無縫接軌，是提升國家競爭力的重要指標。故因材施教，瞭解學生的學習智能與偏好，設計適合學生學習本質、興趣與未來能學以致用的教材與教學方式，當是師生教與學之間，達成理想教育目標與最佳學習效果的橋段。

就國文教育而言，品德陶冶固然是全人教育所望達成的最終目的；然而教學內容的實用化與教學方式的趣味化，乃是提升學習興趣的重要教學策略。故於傳統文化日趨沒落之際，適性化教學對國文教育而言，實為提振學生學習動機與成效的關鍵；而數位化教學，更是順應教學科技化理念的具體實踐。

此外，瞭解影響學生學習動機與成效的因素，使輔導學習能達成有效學習，亦至關重要。故學習者的個別差異，如先備知識、學習興趣、認知風格與學習型態等，皆須納入考量，以達成適性化教學的設計理念，進而獲得較佳的學習成效（DeTure, 2004; Rittschof, 2010）。而學習者的認知風格（cognitive style）在數位教學環境下，對學習成效有一定程度的影響（張正杰、莊秀卿、羅綸新，2014）。而多元智能強調每位學生都有優勢與弱勢智能，教師如能發掘學生的優勢智能，配合適當的課程設計，並適時引發學生的弱勢智能，可增加學習成功的機會（高宜芝、邵宗佩，1999）。且藉由多元智能的教學策略統整課程學習，可幫助學生了解自身的優勢，探索未來學習或就業的方向，對學生將有很大的助益（楊蕎憶，2015）。

　　研究者（國文教師）有鑑於此，於是以往昔帶領學生繪製的多媒體動畫或數位繪本為教具，配合文本 PPT，隨機對設計與非設計學院各一班大一新生，做數位化教學實驗；二領域另兩班新生，則以傳統教學方式授課；課前課後各以學習動機問卷與測驗施測。下學期更追蹤以認知風格和多元智能量表施測。實驗教學的內容，為五篇六朝志怪小說。實驗教學的目的，是希望透過學生對不同媒體的學習反應，作為改進大學國文教學之參考。學生學習的方式，是透過數位化教學或傳統教學，吸收國文知識。以認知風格和多元智能量表施測，是希望藉由反映學習偏好與智能優弱勢的自陳式問卷，探討影響學習動機與成效的因素。至於研究結果，則是希望提供技職高等教育的國文教師們於課程設計、教材製作與教學策略等方面，一個思維與努力的方向。

二、研究問題——
學習本質對數位教學媒體的學習動機與成效之影響

　　本研究的研究問題，在於探討設計學院與非設計學院的大一新生，對國文課數位化教學（多媒體動畫或數位繪本，配合文本 PPT）的學習動機與學習成效，及影響動機與成效的因素。依學校原本側重創意設計與否的學院學習特質之規劃，本研究亦隨之分成設計與非設計學院兩學習領域。研究對象為二領域四班共 203 位學生，而得到 180 份填答完整的有效樣本。實驗教學以隨機分班：設計學院有多媒體動畫班對照傳統教學班，非設計學院有數位繪本班對照傳統教學班，進行不同學習領域學生的學習動機與成效及其認知風格和多元智能的相關研究。故本研究的研究問題，是對某科技大學一年級設計與非設計學院各兩班新生，分別實施多媒體動畫或數位繪本的數

位化教學實驗，另兩班則以傳統教學授課；透過學習動機問卷與測驗，和認知風格與多元智能量表的施測，探討二領域學生對數位化教學與傳統教學的學習動機與成效，及影響動機與成效的認知心理和智能因素。研究方向包括下列幾項重點：

（一）探討設計與非設計學院學生的認知風格，對不同媒體融入教學的學習
　　　動機與成效之影響。
（二）探討設計與非設計學院學生的多元智能（語文、空間智能），對不同
　　　媒體融入教學的學習動機與成效之影響。
（三）歸結上述二領域學生的認知風格和多元智能，對不同媒體融入國文課
　　　程的學習動機與成效之影響，探討其在教學上的意義與因應策略。

　　分析以上四班學生的量化資料，希望能建構科技大學不同領域、不同學習偏好與智能的學生，對國文課改進教學的多面向回饋之結論。

三、研究限制——國文數位化實驗教學的樣本數問題

　　本研究採準實驗設計，探討數位化教學（不同圖像式媒體配合文本 PPT）融入國文課程，學生的認知風格和多元智能對學習動機與成效之影響。施測對象，為台灣中部某科技大學日間部設計學院創設 1B、視傳 1B 兩班，與非設計學院行銷 1B、國企 1C 兩班，共計 203 位學生，而得到 180 份有效樣本。由於施測的科系、班級、人數、資質，與參與研究的人力、時間、媒材等限制，研究結果僅供科技大學國文課程教學設計之參考。至於能否推論至普通大學或其他課程，則有待進一步的觀察與研究。

第二節、文獻探討

一、認知風格理論與相關研究

「風格」（style）一詞是由心理學家 Allport 於 1937 年所提出，以鑑別人格或行為的類型（Sternberg & Grigorenko, 2001）。1950-1960 年，認知心理學家將風格從人格的探討，擴展至個體的學習，即研究人類對訊息的知覺、組織、記憶及思考的慣用模式（Sternberg, 1996a），而稱之為「認知風格（cognitive style）」。根據訊息處理論（Information Processing Theory），人類的認知活動，是由感官覺察、注意、辨識、轉換、記憶等內在心理活動，吸收並運用知識的歷程（Atkinson & Shiffrin, 1968）。而認知風格為個人處理訊息的潛在傾向、偏好或習慣，具有恆常、穩定的特性（Jonassen & Grabowski, 1993; Keefe, 1987; Keefe & Ferrell, 1990; Messick, 1984; Riding & Cheema, 1991）。

認知風格理論繁多，學者各持不同的觀點或層面，而有不同的分類方式。Messick（1976）曾整理學者們所提出約 20 種不同的認知風格向度；Riding 與 Cheema（1991）更將以往文獻所提及超過 30 種的認知風格，進行全面的研究，而將其分成「整體－分析」（wholist-analytic）、「語文－圖像」（verbal-imagery）兩個基本軸向。前者反映個人組織資訊的方式：整體型傾向從整體訊息找尋事物間的關係，分析型傾向從細節逐步處理資訊。後者則指個人處理語文或視覺訊息的偏好：語文型善於處理語文、語意的分析，故較偏向經由閱讀或聆聽語文性的訊息來獲取資訊；圖像型善於吸收視覺性的訊息，故較偏向以圖、表、插畫等視覺性的管道來從事訊息的處理

（Jonassen & Grabowski, 1993; Kirby, Moore, & Schofield, 1988; Schuyten & Dekeyser, 2007）。而「語文－圖像」認知風格的分類，與 Paivio（1969）的雙重編碼論（Dual-Coding Theory）相符，即語文和圖像是經由語文系統或圖像系統的認知處理，建構不同的心智模式（mental model）。二者分別以語文元（logogens）和意象元（imagens）為基本單位，編碼儲存於不同的記憶區（Paivio, 1971; 1991; Clark & Mayer, 2003; Schnotz & Bannert, 2003）。「語文－圖像」的認知風格分類，亦與 Sweller（2004, 2010）認知負荷理論和實徵研究，及 Mayer（1997; 2009）多媒體認知理論和教材設計的學說相符，二人皆以視覺、聽覺為認知管道，而以語文、圖像為媒體組合元素；並證實藉由視覺、聽覺雙重管道，進行單一資訊圖文整合的學習，最能讓學習者減輕認知負荷而達成有效地學習。

　　「語文－圖像」認知風格的相關研究，學者們多著重探討認知風格與學習成效之關聯性。例如：不同認知風格（語文型／圖像型）的學習者，對互動式多媒體的表徵方式會有不同的偏好，學習偏好會進而影響學習成效（Effken & Doyle, 2001）。又如：認知風格是影響學習成效的重要因素；當學習者處於符合自身認知風格的環境時，學習表現較佳；但若處於與認知風格不相符的環境中時，學習表現則較差（DeTure, 2004; Riding & Cheema, 1991; Riding & Watts, 1997）。而國內學者郭璟瑜和周惠文（2006）探討不同媒體組合方式與認知型態對認知負荷與學習成效的影響，結果顯示：圖像型學生在同時含有圖形與語文說明之媒體組合教材中，表現比語文型明顯優異；而語文型學生在只有語文或同時擁有語文與圖形之媒體組合中，表現皆相當優異。

　　不同認知風格的學生與數位環境互動的方式會有差異，進而影響其學習成效（Chen & Paul, 2003; Chen & Macredie, 2004; Chen, Magoulas, & Dimakopoulos, 2005; Wang, 2007）。故於數位學習環境中，認知風格是影響學習成效的因素之一（Chen et al., 2005）。當教師以數位媒體呈現教學內容並進行教學活動時，可能對不同認知風格的學生造成不同的影響，而影響其學習成效（楊凱悌、王子華、邱美虹，2011）。

　　數位學習多媒體（multimedia）與多模態（multimodal）的呈現本質，能以不同的方式吸引學生的注意力，其整合影音、圖文呈現多元豐富的教學資源，亦能讓課程變得生動、有趣，並滿足不同學習風格的學生，讓其更融入課程而提高學習動機（Holmes, 2009）；而且讓師生之間有更多的視覺接觸與互動，拉近師生與生生之間的距離，讓教師更能掌握整個課室環境中學生的學習狀況，而增進教學效益（Holmes, 2009; Northcote, Mildenhall, Marshall, & Swan, 2010）。故多媒體數位學習是一種有效的學習工具，能促進並加速學生的學習歷程（楊凱悌等，2011）。

　　認知風格會影響學習者在數位學習環境中的非線性互動（non-linear interaction）與獨立學習的進程，而影響其在數位學習環境下的學習效益（Chen et al., 2005）。故學者們建議，未來在設計數位教材或數位教學環境時，宜特別考慮學習者認知風格的因素（Lee, Cheng, Rai, & Depickere, 2005; Wang, 2007; Rittschof, 2010），使用視覺化、多媒體與回饋的呈現方式，讓不同認知風格的學習者，有均等的學習效益。

　　為了配合「傳統教學（依文本講課）或數位化教學（圖像式媒體配合文本 PPT 講課）」的實驗設計，本研究對認知偏好側重於語文或圖像訊息接收的觀點，故採取「語文－圖像」的認知風格理論，來探討其對學習動機與學習成效之影響。

二、多元智能理論與相關研究

　　「智能」是一種心智能力（mental ability），即個體在學習、思考和解決問題時，由心理的運作所表現出來的能力。它以個體遺傳條件為基礎，對環境適應時，運用經驗、學習與支配知識，為解決問題的綜合性能力（張春興，2013）。它包括推理、解決問題和作決定等高層次認知處理過程（Mayer, 1992），亦是學習和運用資訊以改造或適應環境的能力（Sternberg, 1985）。

　　20 世紀初，歐美實證主義試圖以單一數據來評估人類的心智能力，傳統智力測驗應運而生。追本溯源，人類第一份智力量表應是法國學者 Binet 與 Simon（1904）所設計的「比奈智力量表」（Binet Intelligence Scale）；隨後衛氏智力量表（Wechsler Intelligence Scale）、通用性向測驗（General Aptitude Test Battery）等多種智力量表陸續出現。傳統智力測驗都非常重視語文、數理及空間概念等能力的評估，並主張遺傳基因對個體的認知功能具有關鍵性的影響，而忽略了環境因素對智能發展可能造成的影響（魏美惠，2009；Spearman, 1904）。

　　近年來，智能學者多認為：傳統智力觀太狹隘，不能表現智能的全貌，智能不應僅指課業的學習能力，而應包括各種學習潛能。類似考試的情境下所測出的 IQ 數值，並無多大意義（魏美惠，1996；Gardner, 1983; Sternberg, 1985）。於是智能的內涵擴大為學習的能力，而且是多種能力的組合。其中最受矚目的兩種學說，一是哈佛大學 Gardner（1983, 1999, 2006）的多元智能論（The Theory of Multiple Intelligence），將人類的智能分為：語文、音樂、數學／邏輯、空間、身體動覺、內省、人際、自然等智能。一是耶魯大學 Sternberg 的三元智能論（The Triarchic Theory of Intelligence），與成功智能說（Successful Intelligence）；前者（Sternberg, 1985, 1988, Sternberg &

Wagner, 1986）兼顧個人、環境及其交互作用的觀點來解析智能的成分；後者（Sternberg, 1996a, 1996b, 1998；李乙明、李淑貞譯，2005）提出成功的智能乃學業智能、創造智能和實用智能的綜合發揮；只靠學業智能並不能在實際生活獲得最後的成功，創造智能和實用智能，更能影響未來事業生涯的成敗（吳武典，2008）。

多元智能論與美國的教育改革運動結合，在各級 MI（Theory of Multiple Intelligences）名校中推展與應用，成績斐然。它融入教學而提升了學生的學測分數，讓學生產生了學習自信心，並使白人與黑人的學業成就差異消失（吳武典，2008）。史丹佛大學的 Eisner 評論道：它可作為課程與教學的指引；它道出了智能的多面向和發展性，不強調人際的比較，在學生內在差異的了解和因應上，特別有價值（吳武典，2003）。

多元智能在台灣教育的應用，強調教師應注重學生的優勢能力，並鼓勵學生弱勢能力的發展。且將多元智能統整於教學，讓學生將所學應用到生活，培養帶著走的能力（楊蕎憶，2015）。教師若能了解學生多元智能的發展與職涯需求的偏好，可培養大學生適性的職涯需求能力，提升其競爭力，甚至開拓其宏觀的視野，進而發揮個人生命的意義（許純碩、許淑婷、丁偉、鍾世和，2015）。故多元智能對教育而言，實能協助師生攜手邁向教育成功的坦途。

為了配合本研究探討「數位化教學（不同圖像式媒體配合文本 PPT 講課）或傳統教學（依文本講課）對學生的學習動機與成效之影響，及影響動機與成效之因素」，故於多元智能方面，假設語文智能可發揮閱讀文本、聆聽故事、回答語文性問題的能力；空間智能可發揮領會動畫或繪本的圖像意義，及鑑賞圖像式媒體藝術水平的能力：二者對學習動機與成效之影響，應有值得探討的意義與價值。故本研究選擇 Gardner 的語文、空間兩種智能，

探討影響學習動機與成效的因素。以下便將兩種智能略加界定：（吳武典，
2008；Gardner, 2006/2008; Shearer, 2005）

> 語文智能：能有效運用口語或文字，以傳達訊息或達到特定目標的能
> 力，包括對語法、語音、語義和語用等向度結合並運用自如
> 的能力。
> 空間智能：在視覺藝術或空間展示方面，能感受創造、平衡的能力，包
> 括對色彩、線條、形狀、形態、空間和它們之間關係的敏感
> 性。

三、圖像式媒體融入教學的相關研究

圖像記錄了人類文明的生活，其一目了然的本質與文獻相輔相成，填補
了文字記錄闕如的空白，銜接史實失落的環節處（史辰蘭，2016）。媒體傳
播發達的現代社會，更是無時無刻不被影像和圖像包圍；視覺表象不論平
面、立體或錄像，其本身的寓意，乃創作理念不可或缺的要素（張嘉樺，
2016）。色彩詞彙與圖像造型在人類的認知中，各有其性格與特性（王藍亭、
黃詩佩，2016）。而具有豐富元素的抽象圖像、超現實圖像或寫實圖像，亦
各有助於觸發新穎創作的想像，探索、轉用的想像，或增進具體意象的想像
（賈千慶、劉諭承、梁朝雲，2016）。故圖像式媒體的創作與應用，在科技
發達的今日，無疑成為數位教學與學習的重要媒介；圖像策略所能發揮的整
體效益，正是基於視覺傳達理性與感性的訴求。故圖像式媒體的視覺表象，
可協助學生瞭解抽象的學習內容（錢昭萍、黃國豪、梁麗珍、李琛瑜、王羽
萱，2016），亦是激發學生想像力、創造力，刺激學習動機與成效的視覺學
習中介。

　　動畫是科技與人文的整合，它以繽紛的色彩創造引人入勝的夢幻時空，並結合運鏡手法，延展空間性，建構時間氛圍，成為具有定性風格的美學設計（張凱翔、鐘世凱，2016）；藉由敘事結構與色彩鋪陳，營造圖像敘事藝術（鐘世凱，2016）。動畫以故事腳本和生命經驗，將文字描述轉化成視覺圖像，設計出充滿奇幻、誇張、趣味性的動畫角色（黃瑞松、陳亭穎，2016）；並以多樣化的視覺變形與「補間」手法，提升視覺的豐富度（陳啟龍、李香蓮，2016）。故動畫可激發學生的創意思考能力，提升學習興趣，並對藝術創作力有所助益（黃祺惠，2016）。而網路多元影音文字、動畫課程，可輔助語文教學，提高學習動機、達成學習目標，並培養自主學習的能力（高慧霞，2016）。「動畫」、「旁白」或「字幕」等多重訊息同時呈現在同一畫面，並以親切熟悉的語氣和聲調旁白配音，還能提升學生的學習動機與成效（陳奕璇、陳昱宏、林吟霞，2015）。

　　繪本是依文本（原作）延展成圖像、文字及圖文整合的改編作品，以圖文「互媒」建構敘事網絡，匯流情境，以因應不同載具做跨媒介敘事，而衍生出多元整合體系（Harvey，2015）：如角色形貌、場景、構圖、鏡頭語言等視覺元素，配合聲效、音樂等聽覺元素（Das, 2012; Rowsell, 2014；賴玉釵，2016），故可印製成平面紙本或附光碟之有聲書籍。數位圖像敘事因其可運用觸控/翻頁等設計，提供行動載具人機互動，而得以掌控敘事節奏（Goodbrey, 2015；賴玉釵）；並透過放大/縮小功能，使圖像有全景，有特寫，生動有趣地呈現故事的點點滴滴（陳昭伶，2016），使學習者沉浸於寓教於樂的學習中，而達到激發學習興趣，增進學習成效（陳奕璇、陳昱宏，2015)等輔助學習之功能。尤以兒童啟蒙教育（莊美玲，2015；陳儒晰，2016），及各級英語教學，使用皆頗為普遍（蔡銘津、何美慧，2016）。近年來，繪本應用於閱讀與寫作教學，亦漸受重視（林月芳，2016；鄭玫玫，2016）。

　　數位繪本是以靜態畫面配合字幕或旁白展現圖像敘事，多媒體動畫則是以動態畫面配合字幕、音樂、旁白建構時空氛圍。二者的媒體組合元素與資訊呈現方式各異，適可驗證 Sweller（2004, 2010）教學設計與學習效應等實徵研究，及 Mayer（2009）多媒體設計原則與學習效果的學說。研究者將其圖文並茂的趣味性特質，應用於國文課故事性教材（如小說類課程），期能引發學生的學習興趣，提升其學習動機與成效；並期能用以培養學生自主學習與主動學習的能力。

第三節、實驗課程與媒體設計

　　上學期研究者於實驗教學時，以相同教材與次第，隨機對設計與非設計學院各兩班學生，分別以多媒體動畫或數位繪本配合文本 PPT，對照傳統教學等三種不同教學方式授課。教材為相同的五則故事，文本都選自《幻說六朝──中國古典小說中的奇幻世界》（錢昭萍，2011）。實驗設計之目的，在於探討數位化教學與傳統教學，分別對學生們的學習動機與成效之影響。以下僅以一個故事為例，略作說明：

一、傳統教學方式

　　本實驗第一種教學為「傳統教學」方式：研究者依文本講述 5 則六朝志怪小說授課，學生則以視覺（文本＋板書）＋聽覺（講課）學習；目的在探討傳統教學雙重感官單一訊息（文字與語音）的學習效果。

二、數位繪本方式

　　本實驗第二種教學為「數位繪本」方式：故事文本與前一種教學完全相同，但教學時播放往昔帶領學生繪製的數位繪本配合文本 PPT 為教具，課程以看圖說故事方式授課，學生則以視覺（靜態圖像＋文本 PPT）＋聽覺（講課）學習；目的在探討靜態圖像數位化教學雙重感官多重訊息（文字、圖像與語音）的學習效果。數位繪本範例如圖 4-1 所示。

（楊寶救黃雀回家養傷，安置在巾箱中。四年後，黃雀--黃衣仙童前來報恩）

圖 4-1.　數位繪本範例

三、多媒體動畫方式

　　本實驗第三種教學為「多媒體動畫」方式：故事文本與前兩種教學完全相同，但教學時播放往昔帶領學生繪製的多媒體動畫配合文本 PPT 為教具，課程以看動畫、聽符合劇情的中國古典音樂，配合講課的情境教學方式授課；學生則以視覺（動態圖像＋字幕）＋聽覺（音樂＋講課）學習；目的在探討動態圖像數位化教學雙重感官多重訊息（文字、圖像與語音、音樂）的學習效果。動畫縮圖表列如圖 4-2 所示。

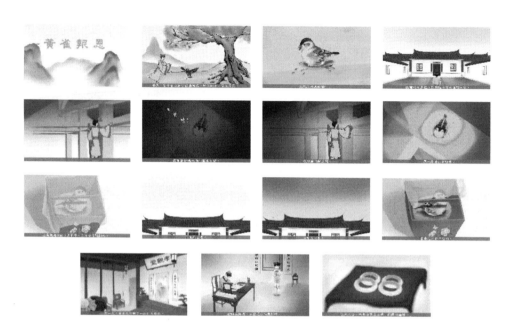

圖 4-2.　多媒體動畫範例

第四節、實驗規劃與實施

一、實驗規劃

　　本研究實驗對象為台灣中部某科技大學四班大一新生，表 4-1 是實驗教學與問卷、測驗施測表。科設 1B、視傳 1B 為設計學院的班，行銷 1B、國企 1C 為非設計學院的班；此二領域的學生，上學期分別於電腦教室，以實驗教學、學習動機和成效的問卷與測驗，探討數位化教學或傳統教學對學生們學習的影響；下學期再追蹤以認知風格和多元智能量表進行線上施測，探討二者對學習動機與成效的影響。

表 4-1　實驗教學與問卷、測驗施測表

學習領域	班級	有效問卷	時　間	課程	教室	教學方式	施　測
設計學院	科設1B	43	2014年9月23日&2015年5月26日（星期二）上午08:10~10:05	本國語文（必）	SY850	動畫	動機問卷&成效測驗 認知風格&多元智能
	視傳1B	49	2014年9月25日&2015年5月28日（星期四）上午8:10~10:05	本國語文（必）	CYB03	傳統	動機問卷&成效測驗 認知風格&多元智能
非設計學院	行銷1B	43	2014年9月23日&2015年6月2日（星期二）上午10:10~12:05	本國語文（必）	BW311	繪本	動機問卷&成效測驗 認知風格&多元智能
	國企1C	45	2014年9月24日&2015年5月27日（星期三）上午10:10~12:05	本國語文（必）	BW311	傳統	動機問卷&成效測驗 認知風格&多元智能

二、研究工具

（一）學習動機問卷與測驗

本研究實驗規劃採準實驗設計，學習動機問卷參考自 Pintrich 與 DeGroot（1990）所採用的 Likert 七點量表問卷，共七題（不含反向題）。問卷直譯後修改為國文課適用版，並由研究者與偕同研究的兩位科技專業教師、一位統計專業教師，就內容進行三次反覆審查、討論與修訂，故具備優良的內容效度。因素分析發現：每題因素負荷量皆大於 .75，解釋變異量 64.30%。實驗教學的測驗卷，則是由研究者（六朝志怪小說選修課教師）依授課內容設計 20 題四選一單選題，5 個故事每個故事各 4 題，包含故事內容、性質、人物個性、時代背景或思潮等，以了解學生對實驗教學的觀感，並探討其學習成效。分析工具則以 SPSS 22 之 t 檢定（t-test）與變異數分析（analysis of variance）為統計方法。

（二）認知風格量表

　　為了測量學生們的認知風格，本研究選用 Childers, Houston, & Heckler（1985）所開發的 Style of Processing Scale（SOP）量表來施測與評量。此量表共22題單選題，以深淺程度的描述性選項，檢測學習者處理不同訊息時心理活動的習慣或偏好。此量表將認知風格區分為：

1. 語文型：學習者對閱讀或聆聽語文性的訊息偏好較為明顯；
2. 圖像型：學習者對觀看視覺性的訊息（如圖表、插畫）偏好較為明顯。

　　此量表對本研究的探討主題十分合宜；且具良好的信度：語文部分內部一致性信度（α 係數）為 .81，圖像部分內部一致性信度（α 係數）為 .86（林坤誼，2012；Childers et al., 1985），故為本研究所採用。

（三）多元智能量表

　　為了測量學生們的智能優弱勢對學習動機與成效之影響，本研究選用吳武典（2008）修訂自Shearer（1996）所編製的「多元智能發展評量表」（The Multiple Intelligences Developmental Assessment Scales）「丙式」量表（CMIDAS-C）中文版為研究工具，適用於16歲以上之青年及成人。它包含九個分量表：語文、數學／邏輯、空間、音樂、身體動覺、內省、人際、自然，和存在等智能。每個分量表各14題單選題，共126題。本量表信、效度均佳，具中高度穩定性。內部一致性信度（α 係數）大學生為 .81～ .93；各分量表交互相關係數屬低至中度相關，顯示各分量表功能一致，但具相當的獨立性（吳武典）。

　　根據 Shearer（1998, 1999），本量表旨在評估學生多元活動的發展技巧和參與熱忱，以分析其優勢和弱勢特質，幫助學生在學習活動和生涯發

展方面作自我探索和適切規劃（吳武典、簡茂發、洪冬桂、舒琮慧、鄒小蘭、張芝萱、吳道愉，2010）。本研究依心理線上施測完成計分表，以「語文、空間」二分量表的 T 常模百分等級，交叉比對學生們的認知風格，和實驗教學的學習動機與成效，以探討彼此間的關聯性。

三、實驗施測流程

本實驗教學分為：多媒體動畫或數位繪本，分別對應於傳統教學，共三種教學方式。上學期研究者在電腦教室為四班學生各舉辦一小時的實驗教學：兩班以文本、講課為主的傳統教學，一班以靜態圖像、文本 PPT&講課並行的繪本數位化教學，一班以動態圖像、文本 PPT&講課並行的動畫數位化教學。課程結束後，請學生各填寫一份學習動機問卷，及一份學習成效測驗卷；並於下學期追蹤實施認知風格和多元智能量表。學習動機問卷與測驗卷，及認知風格量表的電子檔，皆已先匯入本校數位學習平台。多元智能量表，則以公佈於數位學習平台的個人帳號密碼，指導學生登入心理的線上施測網頁受測。測驗結束後，先將多元智能量表的填答結果統一說明；待兩種量表的統計完成後，再將施測結果和學習動機與成效的統計結果作交叉分析研究。實驗施測流程如圖 4-3、圖 4-4 所示。

四、研究工作流程

本研究於實驗教學施測與實驗量表施測實施後，先後進行量化資料的統計與分析。首先於 203 份問卷中，剔除有缺曠及填答不完整的 23 份問卷，而得到 180 份有效樣本，有效回收率 88.67%。再依本研究的研究問題，分別以 SPSS 22 之 t 檢定與變異數分析等統計方法，將實驗教學學習動機與成效的統計結果，和認知風格與多元智能量表的分析結果交叉比對，以探討影

響多媒體融入國文課程的學習動機與成效之因素，期能對大學國文改進教學，提出具體而富建設性之建言。

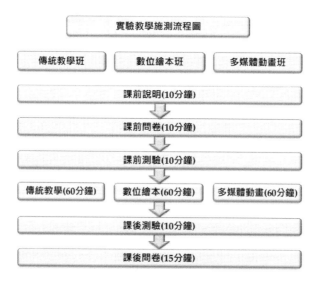

圖4-3.　上學期實驗教學施測流程圖

圖4-4.　下學期實驗量表施測流程圖

第五節、結果與討論

一、認知風格與學習動機之關聯性

（一）全體學生的認知風格與學習動機之關聯性

　　為了探討全體受測學生的認知風格與學習動機之關聯性，首先依認知風格施測結果，將學生們的認知風格區分為語文型和圖像型，結果發現：89人偏語文型、91 人偏圖像型。其次再將認知風格施測結果，與實驗教學學習動機問卷結果，以獨立樣本 t 檢定檢驗，結果發現：語文型與圖像型學生的學習動機有顯著差異：圖像型高於語文型學生。這表示全體學生的學習動機明顯受認知風格之影響。分析摘要如表 4-2 所示：

表 4-2　全體認知風格與學習動機獨立樣本 t 檢定分析摘要

全體			語文型			圖像型			動機差異
N	Mean	SD	N	Mean	SD	N	Mean	SD	t
180	5.63	0.75	89	5.51	0.73	91	5.75	0.75	-2.20*

*p<0.05

（二）二領域學生的認知風格與學習動機之關聯性

　　為了探討設計與非設計學院學生的認知風格與學習動機之關聯性，以獨立樣本 t 檢定檢驗其數據，結果發現： (1) 設計學院語文型與圖像型學生的學習動機有顯著差異：圖像型高於語文型學生； (2) 非設計學院學生則無顯著差異。這表示設計學院學生的學習動機明顯受到認知風格之影響，但非設計學院學生則否。分析摘要如表 4-3 所示：

表 4-3 二領域認知風格與學習動機獨立樣本 *t* 檢定分析摘要

學習領域	二領域			語文型			圖像型			動機差異
	N	Mean	SD	N	Mean	SD	N	Mean	SD	t
設計學院	92	5.63	0.79	44	5.47	0.72	48	5.80	0.82	-2.01*
非設計學院	88	5.62	0.71	45	5.55	0.75	43	5.70	0.67	-1.03

*p<0.05

（三）二領域學生不同認知風格對不同教學方式的學習動機之差異

　　為了探討二領域不同認知風格的學生對不同教學方式的學習動機之差異，以獨立樣本 *t* 檢定檢驗其數據，結果發現： (1) 設計學院語文型與圖像型學生對動畫與傳統教學的學習動機無顯著差異； (2) 非設計學院語文型學生對繪本與傳統教學的學習動機無顯著差異；圖像型學生有顯著差異：繪本高於傳統教學。這表示非設計學院圖像型學生的學習動機受到教學方式的影響：圖像式媒體（靜態圖像）融入國文課程較傳統教學，明顯能提升學習動機；二領域其他學生則否。分析摘要如表 4-4 所示：

表 4-4 二領域認知風格對教學方式的學習動機獨立樣本 *t* 檢定分析摘要

學習領域	教學方式	語文型				圖像型			
		N	Mean	SD	t	N	Mean	SD	t
設計學院	動畫	20	5.55	0.75	0.67	23	6.00	0.84	1.67
	傳統	24	5.40	0.71		25	5.61	0.78	
非設計學院	繪本	21	5.78	0.77	1.97	22	5.92	0.60	2.29*
	傳統	24	5.35	0.69		21	5.48	0.68	

*p<0.05

（四）討論

　　由以上全體、二領域受測學生的認知風格與學習動機之分析，可約略歸納結果並詮釋如下：

(1) 就全體學生而言，圖像型學生對實驗教學的學習動機高於語文型學生，這顯示認知風格的確是影響學習動機的因素之一。

(2) 就二領域學生而言，設計學院學生的學習動機明顯受認知風格之影響：圖像型的學習動機高於語文型學生；非設計學院學生則否。這顯示學生的學習領域如果與圖像有關，認知風格為圖像型的學生，學習動機較高；學習領域如果與圖像無關，學習動機則不受認知風格之影響。

(3) 就二領域不同認知風格的學生對不同教學方式的學習動機而言，語文型學生無論其所學為設計或非設計領域，其學習動機皆不受教學方式之影響；圖像型學生其所學為非設計領域者，其學習動機則明顯受教學方式之影響。這顯示學生的學習領域如果與圖像有關，認知風格無論是語文型或圖像型，學習動機皆不受教學方式的影響；學習領域如果與圖像無關，認知風格為圖像型的學生，其學習動機以圖像式媒體(靜態圖像)融入課程的教學方式高於傳統語文教學。

二、認知風格與學習成效之關聯性

（一）全體學生的認知風格與學習成效之關聯性

　　為了探討全體受測學生的認知風格與學習成效之關聯性，將認知風格施測結果，與實驗教學測驗成績，以獨立樣本 t 檢定檢驗，結果發現：語文型與圖像型學生的學習成效無顯著差異；這表示全體學生的學習成效，並未受認知風格之影響。分析摘要如表 4-5 所示：

表 4-5　全體認知風格與學習成效獨立樣本 t 檢定分析摘要

全體			語文型			圖像型			成效差異
N	Mean	SD	N	Mean	SD	N	Mean	SD	t.
180	78.94	10.01	89	78.82	9.97	91	79.07	10.11	-0.16

註：以上全體受測學生，其不同認知風格者，學習成效無顯著差異。

（二）二領域學生的認知風格與學習成效之關聯性

　　為了探討設計與非設計學院學生的認知風格與學習成效之關聯性，以獨立樣本 t 檢定檢驗其數據，結果發現：(1) 設計學院語文型與圖像型學生的學習成效無顯著差異；(2) 非設計學院亦無顯著差異。這表示二領域學生的學習成效，皆未受認知風格之影響。分析摘要如表 4-6 所示：

表 4-6　二領域認知風格與學習成效獨立樣本 t 檢定分析摘要

學習領域	二領域			文字型			圖像型			成效差異
	N	Mean	SD	N	Mean	SD	N	Mean	SD	t
設計學院	92	78.10	10.00	44	79.43	10.74	48	76.88	9.20	1.23
非設計學院	88	79.83	10.01	45	78.22	9.24	43	81.51	10.61	-1.55

註：以上二領域受測學生，其不同認知風格者，學習成效皆無顯著差異。

（三）二領域學生不同認知風格對不同教學方式的學習成效之差異

　　為了探討二領域不同認知風格的學生對不同教學方式的學習成效之差異，以獨立樣本 t 檢定檢驗其數據，結果發現： (1) 設計學院語文型學生對動畫與傳統教學的學習成效有顯著差異，圖像型亦有顯著差異：傳統教學的學習成效皆優於動畫教學； (2) 非設計學院語文型學生對繪本與傳統教學的學習成效無顯著差異，圖像型亦無顯著差異。這表示設計學院不同認知風格的學生，其學習成效皆受到教學方式的影響；非設計學院學生則否。分析摘要如表 4-7 所示：

表 4-7　二領域認知風格對教學方式的學習成效獨立樣本 t 檢定分析摘要

學習領域	教學方式	語文型				圖像型			
		N	Mean	SD	t	N	Mean	SD	t
設計學院	動畫	20	75.50	10.11	-2.33*	23	73.70	9.56	-2.41*
	傳統	24	82.71	10.32		25	79.80	7.97	
非設計學院	繪本	21	80.24	6.42	1.43	22	84.55	7.06	1.96
	傳統	24	76.46	10.98		21	78.33	12.78	

*p<0.05

（四）討論

　　由以上全體、二領域受測學生的認知風格與學習成效之分析，可約略歸納結果並詮釋如下：

(1) 全體、二領域學生的學習成效，皆未受認知風格之影響，這表示認知風格不是影響學習成效的因素。

(2) 就二領域不同認知風格的學生對不同教學方式的學習成效而言，設計學院語文型與圖像型學生對不同教學方式的學習成效皆有顯著差異：傳統教學的學習成效優於動態圖像教學；非設計學院不同認知風格的學生對不同教學方式的學習成效，皆無顯著差異。故學習成效不受認知風格的影響，但受學習領域與教學方式的影響：學習領域若與圖像有關，學習成效明顯受教學方式的影響；學習領域若與圖像無關，學習成效則不受教學方式的影響。

三、多元智能與學習動機之關聯性

（一）全體學生的多元智能與學習動機之關聯性

　　為了探討全體受測學生的多元智能與學習動機之關聯性，本研究依據心理多元智能線上施測完成計分表，選擇「語文、空間」二分量表的 T 常模百分等級，將學生們的兩種智能，以 67 以上、34 以下，分為優、中、弱三等；再以變異數分析檢驗智能不同優弱勢的學生實驗教學的學習動機，結果發現：(1) 語文智能不同優弱勢的學生，學習動機無顯著差異；(2) 空間智能不同優弱勢的學生，學習動機有顯著差異：空間智能弱的學生明顯高於空間智能中的學生。這表示全體學生的學習動機明顯受到空間智能的影響，語文智能則否。分析摘要如表 4-8 所示：

表 4-8　全體多元智能與學習動機變異數分析摘要

全體		語文智能				空間智能			
智能	N	Mean	SD	F	事後比較	N	Mean	SD	F	事後比較
優	56	5.68	0.81			67	5.70	0.81		
中	62	5.62	0.70	0.19	無顯著	63	5.41	0.70	4.96**	(3) > (2)
弱	62	5.60	0.76			50	5.82	0.67		

**p<0.01；　(3) > (2) 指空間智能弱的學習動機>空間智能中的學習動機。

（二）二領域學生的多元智能與學習動機之關聯性

　　為了探討二領域受測學生的多元智能與學習動機之關聯性，以變異數分析檢驗其語文、空間智能與學習動機之相關數據，結果發現：(1) 設計學院兩種智能不同優弱勢的學生，學習動機無顯著差異。 (2) 非設計學院語文智能不同優弱勢的學生，學習動機無顯著差異；空間智能有顯著差異：空間智能弱的學生其學習動機明顯高於空間智能中的學生。這表示設計學院學生的學習動機未受兩種智能的影響；非設計學院學生則明顯受到空間智能的影響，而語文智能則否。分析摘要如表 4-9 所示：

表 4-9　二領域多元智能與學習動機變異數分析摘要

學習領域	智能	語文智能				空間智能			
		N	Mean	SD	F	事後比較	N	Mean	SD	F	事後比較
設計學院	優	31	5.77	0.85			50	5.70	0.83		
	中	31	5.57	0.73	0.62	無顯著	35	5.50	0.70	1.21	無顯著
	弱	30	5.59	0.80			7	5.94	0.87		
非設計學院	優	25	5.58	0.76			17	5.71	0.77		
	中	31	5.67	0.68	0.10	無顯著	28	5.29	0.69	4.95**	(3) > (2)
	弱	32	5.62	0.73			43	5.80	0.64		

**p<0.01；　(3) > (2) 指空間智能弱的學習動機>空間智能中的學習動機。

（三）二領域不同智能的學生對不同教學方式的學習動機之差異

　　為了探討二領域語文、空間智能不同優弱勢的學生對不同教學方式的學習動機之差異，以獨立樣本 t 檢定檢驗其數據，結果發現：(1) 設計學院兩種智能不同優弱勢的學生，對不同教學方式的學習動機皆無顯著差異。(2) 非設計學院語文智能中的學生，對繪本與傳統教學的學習動機有顯著差異：繪本高於傳統教學。這表示非設計學院語文智能中的學生，對圖像式媒體（靜態圖像）融入國文課程較傳統教學，明顯能提升學習動機；二領域其他學生則否。分析摘要如表 4-10 所示：

表 4-10　二領域不同智能對不同教學方式的學習動機獨立樣本 t 檢定分析摘要

學習領域	智能	教學方式	語文智能				空間智能			
			N	Mean	SD	t	N	Mean	SD	t
設計學院	優	動畫	16	5.89	0.88	0.78	28	5.78	0.88	0.73
		傳統	15	5.65	0.83		22	5.60	0.78	
	中	動畫	16	5.74	0.76	1.39	12	5.70	0.72	1.26
		傳統	15	5.38	0.67		23	5.39	0.68	
	弱	動畫	11	5.73	0.88	0.74	3	6.28	0.66	0.89
		傳統	19	5.50	0.76		4	5.68	1.02	
非設計學院	優	繪本	9	5.82	0.68	1.24	7	5.98	0.79	1.20
		傳統	16	5.44	0.79		10	5.53	0.75	
	中	繪本	16	5.94	0.65	2.60*	12	5.56	0.70	1.85
		傳統	15	5.36	0.60		16	5.09	0.64	
	弱	繪本	18	5.78	0.74	1.41	24	5.96	0.63	1.84
		傳統	14	5.42	0.68		19	5.61	0.61	

*$p<0.05$

（四）討論

　　由以上全體、二領域受測學生的多元智能與學習動機之分析，可約略歸納結果並詮釋如下：

(1) 設計學院學生的空間智能人數分布以優最多，中次之，弱最少；非設計學院學生則相反：這顯示學生們所學領域與所需智能之間，有關聯性；但與所學領域無關的智能，人數分布則無任何規則可言。

(2) 就全體學生而言，空間智能弱者較中者學習動機明顯為高，這顯示學生們的藝術鑑賞力會影響學習動機：空間智能中者，藝術鑑賞力中等，對圖像式媒體的藝術水平要求最嚴苛（眼高手低），故學習動機最低；空間智能弱者，藝術鑑賞力不高，要求最寬鬆，故學習動機最高；空間智能優者，藝術鑑賞力最高，要求反而最公允，故學習動機居中。

(3) 就二領域學生而言，非設計學院空間智能弱者較中者學習動機明顯為高，原因與上述藝術鑑賞力同；設計學院學生因普遍多具基本的藝術鑑賞力，故學習動機的落差，不若非設計學院學生的表現強烈。

(4) 就二領域兩種智能不同優弱勢的學生對不同教學方式的學習動機而言，非設計學院語文智能中者，對圖像式媒體融入國文課程或傳統教學，學習動機落差最大：這顯示非設計學院語文智能中者，最渴望有圖像式媒體輔助其學習語文，故對有圖像、無圖像的不同教學方式，學習動機的高低反應最為強烈；語文智能優者，有、無圖像輔助，對其學習語文的差別不大；語文智能弱者，即使有圖像輔助，對其學習語文的影響亦有限：故語文智能優與弱的學習動機，不若智能中的反應明顯。至於設計學院的學生，因其所學與圖像密切相關，對圖像式媒體習以為常，故反應不若非設計學院學生的落差明顯。

四、多元智能與學習成效之關聯性

（一）全體學生的多元智能與學習成效之關聯性

　　為了探討全體受測學生的多元智能與學習成效之關聯性，本研究將語文、空間智能的施測結果，與實驗教學的測驗成績，以變異數分析檢驗其數據，結果發現：兩種智能不同優弱勢的學生，學習成效皆無顯著差異：這表示全體學生的學習成效並未受兩種智能的影響。分析摘要如表 4-11 所示：

表 4-11　全體多元智能與學習成效變異數分析摘要

全體智能	語文智能					空間智能				
	N	Mean	SD	F	事後比較	N	Mean	SD	F	事後比較
優	56	80.44	10.88			67	78.28	11.43		
中	62	77.10	10.62	1.78	無顯著	63	78.41	9.02	0.84	無顯著
弱	62	79.44	8.30			50	80.50	9.16		

註：以上全體受測學生，其不同智能優弱勢者，學習成效皆無顯著差異。

（二）二領域學生的多元智能與學習成效之關聯性

　　為了探討二領域受測學生的多元智能與學習成效之關聯性，以變異數分析檢驗其數據，結果發現：兩種智能不同優弱勢的學生，學習成效皆無顯著差異：這表示二領域學生的學習成效，並未受兩種智能的影響。分析摘要如表 4-12 所示：

表 4-12　二領域多元智能與學習成效變異數分析摘要

學習領域	智能	語文智能					空間智能				
		N	Mean	SD	F	事後比較	N	Mean	SD	F	事後比較
設計學院	優	31	80.16	10.29			50	78.10	10.78		
	中	31	75.48	11.29	1.80	無顯著	35	77.86	9.57	0.06	無顯著
	弱	30	78.67	7.76			7	79.29	6.73		
非設計學院	優	25	80.80	11.79			17	78.82	13.52		
	中	31	78.71	9.83	0.32	無顯著	28	79.11	8.39	0.32	無顯著
	弱	32	80.16	8.84			43	80.70	9.55		

註：以上二領域受測學生，其不同智能優弱勢者，學習成效皆無顯著差異。

（三）二領域不同智能的學生對不同教學方式的學習成效之差異

為了探討二領域不同智能優弱勢的學生對不同教學方式的學習成效之差異，以獨立樣本 t 檢定檢驗其數據，結果發現：

(1) 設計學院語文智能優的學生，對動畫與傳統教學的學習成效有顯著差異：傳統教學明顯高於動畫教學；語文智能中與弱的學生則無顯著差異。

(2) 設計學院空間智能優與中的學生，對動畫與傳統教學的學習成效亦皆有顯著差異：傳統教學明顯高於動畫教學；空間智能弱的學生則無顯著差異。

(3) 非設計學院語文智能優中弱的學生，對繪本與傳統教學的學習成效皆無顯著差異。

　　(4) 非設計學院空間智能優中弱的學生，對繪本與傳統教學的學習成
　　　　效亦無顯著差異。

　　以上分析表示語文、空間智能深深影響著設計學院大部分學生的學習
成效：傳統教學較動態圖像式教學，成效格外優異；非設計學院學生則否。
分析摘要如表 4-13 所示：

表 4-13　二領域不同智能對不同教學方式的學習成效獨立樣本 *t*檢定分析摘要

學習領域	智能	教學方式	語文智能				空間智能			
			N	*Mean*	*SD*	*t*	*N*	*Mean*	*SD*	*t*
設計學院	優	動畫	16	75.63	10.47	-2.81**	28	74.64	10.53	-2.72**
		傳統	15	85.00	7.79		22	82.50	9.61	
	中	動畫	16	71.88	10.47	-1.92	12	72.92	8.65	-2.35*
		傳統	15	79.33	11.16		23	80.43	9.16	
	弱	動畫	11	76.82	7.17	-0.99	3	80.00	5.00	0.22
		傳統	19	79.74	8.08		4	78.75	8.54	
非設計學院	優	繪本	9	85.00	6.12	1.36	7	85.71	6.08	1.90
		傳統	16	78.44	13.63		10	74.00	15.42	
	中	繪本	16	81.88	7.04	1.94	12	81.25	6.78	1.18
		傳統	15	75.33	11.41		16	77.50	9.31	
	弱	繪本	18	81.67	7.48	1.10	24	82.08	7.36	1.02
		傳統	14	78.21	10.30		19	78.95	11.74	

*p<0.05；　**p<0.01

（四）討論

　　由以上全體、二領域受測學生的多元智能與學習成效之分析，可約略歸納結果，並詮釋如下：

(1) 全體、二領域學生的學習成效，並未受語文、空間智能之影響。這顯示多元智能不是影響學習成效的因素。

(2) 二領域學生對圖像式媒體融入教學或傳統教學，其學習成效部分明顯受到兩種智能之影響：設計學院學生受空間智能的影響普遍而強烈，受語文智能之影響較少。非設計學院學生的學習成效則完全未受語文、空間智能之影響。

(3) 設計學院語文智能優與空間智能優、中的學生之學習成效，落差在於傳統教學明顯高於動畫（動態圖像式）教學；而非設計學院兩種智能不同優弱勢的學生，對不同教學方式，即傳統教學或繪本（靜態圖像式）教學的學習成效無差別。

　　凡此種種截然不同的表現，顯示二領域學生的稟賦與過往學習經驗所養成的學習特質，實具根本差異。

第六節、結論與建議

　　本研究以認知風格和多元智能量表，配合學習動機問卷與測驗的分析結果，探討當今科技大學設計與非設計學院學生的學習特質，及其對不同媒體融入國文課程的學習動機與成效之影響，期建構科技大學不同領域的學生，對大學國文課改進教學的多面向回饋之意見。經上下學期所蒐集二領域四班學生的回饋資料交叉分析之結果，歸納成以下幾項具體結論：

一、認知風格對多媒體融入國文課的學習動機與成效之影響

　　如上分析，學習動機受認知風格、學習領域與教學方式的影響：

(1) 全體學生的學習動機以圖像型高於語文型：這顯示認知風格是影響全體學生學習動機的因素之一。

(2) 然而二領域學生的學習動機，以設計學院圖像型高於語文型，非設計學院則無顯著差異：這顯示認知風格對學習動機之影響，並非普遍而全面的；唯所學與圖像有關的領域，學習動機受認知風格之影響較為明顯。

(3) 再就二領域不同認知風格的學生對不同媒體融入課程的學習動機之差異來看：二領域唯非設計學院圖像型學生對繪本教學的學習動機，高於傳統教學：這顯示學習領域、認知風格與教學方式，皆是影響學生學習動機的因素。

　　故認知風格並非影響學習動機的唯一因素，不同領域的學習特質、不同媒體融入課程，亦皆是影響學習動機的多元因素。由於探討大學生或科技大學生認知風格（語文型／圖像型）與學習動機的文獻極少，故本項研究成果，可提供技職高等教育的研究者或教師們後續研究或教學設計、媒體製作之參考。

　　如上分析，學習成效不受認知風格的影響，但受學習領域與教學方式的影響：

(1) 全體、二領域不同認知風格的學生，學習成效皆無顯著差異：這顯示認知風格不是影響學習成效的因素。

(2) 設計學院不同認知風格的學生，對圖像式媒體融入教學或傳統教學的學習成效皆有顯著差異；非設計學院不同認知風格的學生，對不同教學方式的學習成效，皆無顯著差異。這顯示學習成效不受認知風格的影響，但受學習領域與教學方式的影響。此項研究結果和 Effken 與 Doyle（2001）的研究成果並不相符：不同認知風格（語文型／圖像型）者，對多媒體的表徵方式會有不同的偏好，學習偏好會進而影響其學習成效。

(3) 設計學院不同認知風格的學生，對傳統教學的學習成效皆高於動畫教學；非設計學院不同認知風格的學生，對繪本與傳統教學的學習成效皆無顯著差異。這與 Riding 和 Cheema（1991）的研究結果並不相符：當學習者處於符合自身認知風格的環境時，學習表現較佳；且與郭璟瑜和周惠文（2006）的研究結果亦不相符：圖像型在同時含有圖形與語文說明之媒體組合教材中，表現比語文型明顯優異；而語文型在只有語文或同時擁有語文與圖形之媒體組合中，表現皆相當優異。

故本實驗教學的研究結果，與上述中外學者的研究成果皆不相符。

二領域學生凡此種種違反中外學者研究成果的學習表現，推究其原因有二：

(1) 設計學院學生的學習表現（不同認知風格的學生，對傳統教學的學習成效皆明顯優於動畫教學），當與本研究動畫製作所選用之媒體過多有關：本研究的動畫包含動態圖像＋字幕＋音樂＋臨場旁白解說，因而形成雙重管道（視覺＋聽覺）多重訊息相互競爭的情況，導致學習動機高昂，學習成效卻不彰。這與 Sweller（2004）因教學設計而產生之「餘贅效應」，及 Mayer（2009）多媒體教材設計之「餘贅原則」等研究相符。故多媒體教材設計，亦是影響學習成效的另一重要因素。

(2) 非設計學院學生的學習表現（不同認知風格的學生，對繪本教學與傳統教學的學習成效無顯著差異），顯示認知風格與教學方式（靜態圖像式媒體或傳統教學）對其學習成效皆無影響。

故本實驗教學的研究結果：學習成效不受認知風格的影響，但受學習領域與教學方式的影響；所學領域與圖像有關的學生，其學習成效明顯受教學方式之影響；所學領域與圖像無關的學生，其學習成效則不受教學方式之影響。故學習領域的特質、教學媒體及其資訊呈現方式，才是影響學習成效的多元因素。本項研究成果，亦提供技職高等教育的研究者與教師們參考。

二、多元智能對多媒體融入國文課的學習動機與成效之影響

如上分析，學習動機受多元智能、學習領域與教學方式的影響：

(1) 全體與非設計學院的學生，皆以空間智能弱的學習動機明顯高於空間智能中的學生：這顯示空間智能（藝術鑑賞力）是影響全體與二領域學生對不同媒體融入國文課程的學習動機之因素。

(2) 非設計學院語文智能中的學生，對繪本的學習動機高於傳統教學；設計學院學生則無顯著差異。這當與本研究繪本製作精美及教學時所選用之媒體恰當有關：本研究的繪本教學包含靜態圖像＋臨場旁白解說，因而形成雙重管道（視覺＋聽覺）單一訊息的情況，這與 Sweller（2004）因教學設計而產生之「形式效應」，及 Mayer（2009）多媒體教材設計之「形式原則」等研究相符。故多媒體教材設計，的確是影響學習成效的另一重要因素。因此，不同領域的學習特質、語文智能和空間智能，及媒體本身的品質與資訊呈現方式，皆是影響學習動機之多元因素。由於大學生或科技大學生多元智能與學習動機的文獻極為罕見，故本項研究成果，可提供技職高等教育的研究者或教師們參考。

如上分析，學習成效不受多元智能的影響，但受學習領域與教學方式的影響：

(1) 全體、二領域智能不同的學生，其學習成效皆無顯著差異：這顯示多元智能不是影響學習成效的因素。

(2) 然二領域唯設計學院不同智能優弱勢的學生，對圖像式媒體或傳統教學的學習成效多呈顯著差異，這顯示多元智能於本研究中，唯其對所學領域與圖像有關的學生，以圖像式媒體教學或傳統教學的學習成效，影響較為明顯而已。

(3) 設計學院兩種智能不同優弱勢的學生，多以智能優與中者對傳統教學的學習成效明顯高於動畫教學；且其智能、教學方式與學習成效之間，並無對應關係。例如語文智能優者，以傳統教學成效優；空間智能優者，亦是以傳統教學成效優。

(4) 非設計學院不同智能優弱勢的學生對不同教學方式的學習成效，皆無顯著差異。此項研究結果，與李孔文（2004）的研究：「不同強勢智能的大學生分別進入不同設計風格的網頁學習化學，若網頁設計風格與本身強勢智能相符者，後測成績明顯高於強勢智能不符合網頁設計風格的學生」大相逕庭。探究其原因，本研究的動畫製作選用過多媒體而產生了餘贅效應（Sweller, 2004; Mayer, 2009），導致設計學院語文智能優與空間智能優、中的學生，皆以傳統教學的學習成效優於動畫教學。

綜上所述，不同領域的學習特質、媒體本身的品質及其資訊呈現方式，皆是與多元智能共同影響學習成效的多元因素。由於大學生或科技大學生多元智能與學習成效的文獻亦不多見，故以上研究成果，亦提供技職高等教育的研究者與教師們參考。

三、認知風格與多元智能對國文課數位化教學的教育意義

張春興（2013）認為：認知風格是指個體面對情境時，經由知覺、記憶、思維等內在心理歷程，在外顯行為中所表現的特徵。因此，認知風格可視為個體在面對環境中的訊息、刺激，所偏好的察覺、思考、記憶與問題解決的習慣方式，且此方式具有一致性，不易因外在環境而改變（黃意雯、邱子華，2012）。故認知風格的不同，會影響學習者的知識吸收，進而影響學習效果。

由本研究認知風格與學習動機的分析結果來看：全體、設計學院學生的學習動機，皆受認知風格之影響；非設計學院圖像型學生的學習動機，則受教學媒體或教學方式之影響。再就認知風格與學習成效的分析結果來看：全體、二領域學生的學習成效，皆未受認知風格之影響；但設計學院認知風格不同的學生對不同教學方式的學習成效，卻明顯不同。故認知風格與學習領域、教學方式，皆是影響學習動機的因素；而學習領域和教學方式，則是影響學習成效的因素。

大學教育的目的，包括文化的陶冶、品德的塑造、知識的傳授、經驗的傳承、潛能的開發等；使學生在大學這個知識型社會中，得以樹立健全的人格與培養多元的思考能力，鍛鍊其迎向未來更寬廣、多變的世界之挑戰。為了因應學生適性的學習需求與職涯需求，協助學生多元智能的發展，進而培養其文化涵養，可創造一個擁有高度文化美學與生活品味的社會（徐千黛，2016），亦是落實博雅教育或通識教育的教學策略。

由本研究多元智能與學習動機的分析結果來看：空間智能是影響全體和非設計學院學生的學習動機之重要因素；語文智能對不同教學方式而言，亦是影響非設計學院部分學生學習動機的因素。再就多元智能與學習成效

的分析結果來看：多元智能不是影響全體和二領域學生學習成效之因素；唯設計學院不同智能優弱勢的學生之學習成效，則多明顯受不同教學方式之影響。故多元智能和學習領域、教學方式，皆是共同影響學習動機與成效的多元因素。

綜上所述，認知風格與多元智能對全體和二領域學生的學習動機與成效，皆非普遍的影響因素，卻皆是與教學媒體或教學方式共同影響學習動機與成效的重要因素。故了知學生們的認知風格和智能優弱勢之不同，設計符合其學習領域、學習特質的數位教材，注意媒體的藝術水平、趣味性及資訊呈現方式，是提升其學習動機與成效的重要策略，亦是因材施教的教學策略，對教學或學習而言，實別具重大意義。以上研究成果，期能對技職高等教育的國文課程教學設計與教學策略，作出貢獻。

四、本研究的研究限制

本實驗研究對象僅限於台灣中部某科技大學一年級設計與非設計學院共四班學生，因此研究結果之推論，應為類似本研究對象的科技大學設計與非設計學院之大一新生，並不宜推論至所有普通大學的學生。本實驗因和本國語文必修課程結合，部分研究對象因參與感與認真度不夠，難免降低了研究結果的準確性。而本實驗教學的內容，屬於國文領域的故事性教材，因此對其他科目或不同性質的教材，其可推論性值得探究。且本實驗教學的問卷與測驗，皆以文字形式呈現，這對國文先備知識不足的學生，或許會造成部分填答的困難。至於實驗教學動畫的資訊呈現方式，對學習成效應造成一些負面影響，亦是一個須審慎考量的問題。而學生除了認知風格與多元智能而外，人格特質或其他學習特質是否會影響其對不同媒體的學習動機與成效，亦是後續值得探討的問題。

　　本研究乃探討學習領域、教學方式對學習動機與學習成效的影響之後續且更深入的教育心理取向研究，所使用的統計方法礙於研究因子過多之故（共計六因子：學習領域、教學方式＆學習動機、學習成效四項因子，另加認知風格與多元智能二項因子），只能使用較基礎的「t 檢定與變異數分析」；所獲致的研究結果，自無法與共變數分析等高階統計方法所獲得的研究結果之嚴謹度相提並論，此亦本研究不得已的研究限制。故就因材施教的教育心理取向研究，統計工具竟成為難以突破的研究限制。

五、大學國文類課程數位化教學的建議

　　隨著全球化時代的來臨，大學通識教育的目標，在於培養學生宏觀的視野與反思的能力，以理解、掌握、整合、創新知識，提升競爭力；甚至能體察大環境的細微變化，洞察機先，順應時勢之所趨，創造個人生命的意義與價值，以服務社會。而隨順學生的認知風格，發展其多元智能的潛力，亦是培養其適應快速變遷的現代社會之創意、樂活的生活能力。隨著資訊科技的進步，數位學習及適性化多媒體學習環境，乃是最能引發學生自我導向學習與自主學習的教學情境。故研究者（國文教師）以大學國文數位化教學，運用動畫、繪本和唯美的詩畫 PPT 及網際網路資源融入課程，期能引發學生的學習興趣，改善其學習動機與態度，對其學習成效及人文素養的提升，當具正面的影響及意義。

　　科技大學是近年來台灣技職教育體系培育人才的重要環節，因此科技大學不同領域的學生之學習特質與學習表現，當是教育工作者亟須投入心力多方研究並提出因應策略的重要課題。研究者秉持大學國文類課程數位化教學的理念，以多元媒體融入課程，以趣味、生動、擬真的視覺效果主導

學習，期吸引不同領域與特質的學生之專注力與持續力，引領其輕鬆活潑地學習，以減輕其對課程的忽視感、怠惰感與認知負荷，並提升其學習成效。

　　總結以上研究者實徵研究之結果：多元教學乃是因材施教的不二法門——為因應不同學習領域與學習特質（認知風格與多元智能）的學生之學習需求，及社會多元倫理價值與職場多元廣角需求，設計精緻、唯美的多元教材、教具，配合時代潮流的多元網路學習工具，提供多元而富趣味性的教學課程，或能因應不同學習領域與學習特質的學生之學習興趣，啟發其多元創意思考，甚或能提振其自主學習與主動學習的學習動機，改善其學習態度，提高其自我期許的教育目標，而達成有效學習的教學目的。故因材施教是多元而適性化教學的思維方向，亦當是教師們教學研究的努力方向。盼時數銳減的國文類課程，能繼續發揮國語文教學與文化傳承的使命；而研究者的實徵研究，亦希望能提供國文領域教學現場的教師們課程設計與實際授課的創意靈感，從而能共同提升國文教師們專業成長與因材施教的教育理念之實踐，共創國文教學的意義、價值與榮景。願與天下國文教師們共勉之！

參考文獻

王藍亭、黃詩佩（2016）。不同幾何圖像與對應詞彙之情感表徵研究。**中華印刷科技年報，2016**，139-152。

史辰蘭（2016）。「康國琵琶」樂器圖像考，**藝術論壇，10**，97-120。

吳武典（2003）。**出席 2003 年美國教育研究學會年會紀要**。未出版之原始資料。

吳武典（2008）。**多元智能量表丙式**（CMIDAS-C）**指導手冊**。台北市：心理。

吳武典、簡茂發、洪冬桂、舒琮慧、鄒小蘭、張芝萱、吳道愉（2010）。高中學生生涯發展組型建構及其在升學與生涯輔導上的意義。**教育科學研究期刊，55**（2），29-72。

李孔文（2005）。**多元智能之強勢智能應用於化學平衡網站以提升學習成效之研究**（博士論文）。取自
http://handle.ncl.edu.tw/11296/ndltd/53754911623092956761。

李乙明、李淑貞 （譯）（2005）。**創造力II：應用** （原作者：Sternberg R. J.）。台北市：五南。（原著出版年：1999）

李乙明、李淑貞 （譯）（2008）。**多元智能** （原作者：Gardner H.）。台北市：五南。（原著出版年：2006）

林月芳（2016）。從繪本引導國一學生閱讀與創作——以《狐狸孵蛋》繪本創作實施歷程為例。**中等教育，67**（3），43-65。

林坤誼（2012）。科幻小說與科幻影片對激發國中生產品設計創意的效益。**教育科學研究期刊，57**（3），121-151。

徐千黛（2016）。博雅教育中不容缺席的角色—多元智能藝術文化的學養教育。**台灣教育**，**699**，20-27。

高宜芝、邵宗佩（2009）。多元智慧在國小身心障礙資源班之教學設計應用與實例。**特殊教育叢書—特殊教育現在與未來**，**9801**，45-54。

高慧霞（2016）。網路多媒體輔助德語文化及語言自主學習。**東吳外語學報**，**42**，55-78。

張正杰、莊秀卿、羅綸新（2014）。多媒體呈現模式與認知風格對國小自然科學學習成效之影響。**教育傳播與科技研究**，**108**，31-48。

張春興（2013）。**教育心理學—三化取向的理論與實踐**。台北市：東華。

張凱翔、鐘世凱（2016）。動畫色彩計畫研究—美、日成功商業動畫長片色彩計畫比較。**藝術論文集刊**，**27**，59-77。

張嘉樽（2016）。臺灣當代作品中中國傳統圖像之挪用及其意義的轉化。**書畫藝術學刊**，**20**，223-248。

莊美玲（2015）。繪本在幼兒園數學創意教學的應用研究。**正修學報**，**28**，293 - 302。

許純碩、許淑婷、丁偉、鍾世和（2015）。大學生之多元智能與職涯需求關係之研究，**環球科技人文學刊**，**20**，1-22。

郭璟瑜、周惠文（2006）。影音數位教材對學習之影響。**資訊科學應用期刊**，**2**（1），71-85。

陳奕璇、陳昱宏、林吟霞（2015）。從 R. Mayer 多媒體學習認知理論探討教師使用「兒童文化館」電子繪本之經驗。**課程與教學**，**18**（1），31-58。

陳昭伶（2016）。人生因你而美好：從繪本中看友伴關係。**全國新書資訊月刊**，**213**，12-18。

陳啟龍、李香蓮（2016）。視覺變形手法之動畫創作研究—以《3x7=28》為例。**藝術研究學報**，**9**（2），99-129。

陳儒晰（2016）。幼兒電子繪本學習活動的社會再製與批判教育學省思。**教育傳播與科技研究**，**113**，21-38。

黃意雯、邱子華（2012）。數位教材導覽模式與認知風格對學習成效之影響。**理工研究國際期刊**，**2**（3），45-53。

黃瑞菘、陳亭穎（2016）。動畫角色視覺感性意象分析之研究—以《捍衛聯盟（Rise of the Guardians）》為例。**藝術研究學報**，**9**（2），35-72。

黃祺惠（2016）。高中美術「停格動畫」教學之成效評估研究。**中等教育**，**67**（1），87-104。

楊凱悌、王子華、邱美虹（2011）。探討互動式電子白板對於不同認知風格國中學生學習效益之影響—以細胞分裂單元為例，**課程與教學**，**14**(4)，187-208。

楊蕎憶（2015）。多元智能觀點實施特教新課綱的職業教育。**特教園丁**，**31**（1），41-44。

賈千慶、劉諭承、梁朝雲（2016）。驗證圖像觸發想像力：一個腦波儀與質性的整合研究。**資訊傳播研究**，**6**（2），71-95。

蔡銘津、何美慧（2016）。可預測性故事之英語繪本及其在英語教學上的應用。**人文社會電子學報**，**11**（2），93-111。

鄭玟玟（2016）。運用繪本教學策略融入國小三年級寫作教學之探究。**明新學報**，**42**（1），179-200。

賴玉釵（2016）。繪本跨媒介轉述為互動電子繪本之敘事策略初探：以經典繪本《好餓的毛毛蟲》改編「波隆那國際大獎」電子書為例。**藝術學報**，**99**，109-135。

錢昭萍（2011）。**幻說六朝—中國古典小說中的奇幻世界**。台北市：五南。

錢昭萍、黃國豪、梁麗珍、李琛瑜、王羽萱（2016）。圖像式媒體融入國文教學對學習之影響—以科技大學藝術設計與非藝術設計學生為例。**人文社會學報**，**12**（4），277-304。

魏美惠（1996）。**智力新探**。台北市：心理。

魏美惠（2009）。新臺灣之子的能力較差嗎？從多元能力與生態系統理論剖析。**臺灣圖書館管理季刊**，**5**（4），47-57。

鐘世凱（2016）。動畫短片的敘事結構與色彩計畫研究。**藝術學報**，**99**，45-62。

Atkinson, R. C., & Shiffrin, R. M. (1968). Human memory: A proposed system and its control processes. *The psychology of learning and motivation: Advances in Research and Theory, 2*, 89-195.
doi: 10.1016/S0079-7421(08)60422-3

Binet, A., & Simon, T. (1904). Méthodes nouvelles pour le diagnostic du niveau intellectuel des anormaux. *L'Année Psychologique, 11*(1), 191-244.

Chen, S. Y., & Macredie, R. D. (2004). Cognitive modelling of student learning in web-based instructional programmes. *International Journal of Human-Computer Interaction, 17*(3), 375-402.
doi: 10.1207/s15327590ijhc1703_5

Chen, S. Y., Magoulas, G. D., & Dimakopoulos, D. (2005). A flexible interface design for web directories to accommodate different cognitive styles. *Journal of the Association for Information Science and Technology, 56*(1), 70-83. dio: 10.1002/asi.20103

Chen, S. Y., & Paul, R. J. (2003). Editorial: Individual differences in web-based instruction-An overview. British *Journal of Educational Technology, 34*(4), 385-392. doi: 10.1111/1467-8535.00336

Childers, T. L., Houston, M. J., & Heckler, S. E. (1985). Measurement of individual differences in visual versus verbal information processing. *Journal of Consumer Research, 12*(2), 125-134. doi: 10.1086/208501

Clark, R. C., & Mayer, R. E. (2003). *E-learning and the science of instruction: Proven Guidelines for Consumers and Designers of Multimedia Learning.* San Francisco, CA: John Wiley & Sons.

Das, R. (2012). Children reading an online genre: Heterogeneity in interpretive work. *Popular Communication, 10*(4), 269-285.
doi: 10.1080/15405702.2012.715328

DeTure, M. (2004). Congitive style and self-efficacy: Predicting student success in online distance education. *The American Journal of Distance Education, 18*(1), 21-38. doi: 10.1207/ s15389286ajde1801_3

Effken, J. A., & Doyle, M. (2001). Interface design and cognitive style in learning an instructional computer simulation. *Computers in nursing, 19*(4), 164-171.

Gardner, H. (1983). *Frames of mind: The theory of multiple intelligences.* New York, NY: Basic Books.

Gardner, H. (1999). *Intelligence reframed: Multiple intelligences for the 21st century.* New York, NY: Basic Books.

Gardner, H. (2006). *Multiple intelligences: New horizons in theory and practice.* New York, NY: Basic Books.

Goodbrey, D. M. (2015). Distortions in spacetime: Emergent narrative practices in comics' transition from print to screen. In R. Pearson & A. N. Smith (Eds.), *Storytelling in the media convergence age: Exploring screen narratives* (pp. 54-73). New York, NY: Palgrave Macmillan.

Harvey, C. B. (2015). *Fantastic transmedia: Narrative, play and memory across science fiction and fantasy storyworlds.* London, UK: Palgrave Macmillan.

Holmes, K. (2009). Planning to teach with digital tools: Introducing the interactive whiteboard to pre-service secondary mathematics teachers. *Australasian Journal of Educational Technology, 25*(3), 351-365.
doi: 10.14742/ajet.1139

Jonassen, D. H. & Grabowski, B. L. (1993). *Handbook of individual differences, learning, and instruction.* Hillsdale, NJ: Lawrence Erlbaum Associates.

Keefe, J. W. (1987). *Learning Style: Theory and Practice.* Reston, VA: National Association of Secondary School Principals.

Keefe, J. W. & Ferrell, B. G. (1990). Developing a defensible learning style paradigm. *Educational Leadership, 48*(2), 57-61.

Kirby, J. R., Moore, P. J., & Schofield, N. J. (1988). Verbal and visual learning styles. *Contemporary Educational Psychology, 13*(2), 169-184. doi: 10.1016/0361-476X(88)90017-3

Lee, C. H. M., Cheng, Y. W., Rai, S., & Depickere, A. (2005). What affect student cognitive style in the development of hypermedia learning system? *Computers & Education, 45*(1), 1-19.
doi: 10.1016/j.compedu.2004.04.006

Mayer, R.E. (1992). Cognition and instruction: Their historic meeting within educational psychology. *Journal of Educational Psychology, 84*(4), 405-412. doi: 10.1037/0022-0663.84.4.405

Mayer, R.E. (1997). Multimedia learning: Are we asking the right questions? *Educational Psychologist, 32*(1), 1-19.
doi: 10.1207/s15326985ep3201_1

Mayer, R. E. (2009). *Multimedia learning* (2nd ed.). New York, NY: Cambridge University Press.

Messick, S. (1976). *Individuality in learning.* San Francisco, CA: Jossey-Bass.

Messick, S. (1984). The nature of cognitive styles: Problems and promise in educational practice. *Educational Psychologist, 19*(2), 59-74.
doi: 10.1080/00461528409529283

Northcote, M., Mildenhall, P., Marshall, L., & Swan, P. (2010). Interactive whiteboards: Interactive or just whiteboards? *Australasian Journal of Educational Technology, 26*(4), 494-510. doi: 10.14742/ajet.1067

Paivio, A. (1969). Mental imagery in associative learning and memory. *Psychological Review, 76*(3), 241-263. doi: 10.1037/h0027272

Paivio, A. (1971). *Imagery and verbal processes*, New York, NY: Holt, Rinehart and Winston.

Paivio, A. (1991). Dual coding theory: Retrospect and current status. *Canadian journal of psychology, 45*(3), 255-287.　　doi: 10.1037/h0084295

Pintrich, P. R., & De Groot, E. V. (1990). Motivational and self-regulated learning components of classroom academic performance. *Journal of Educational Psychology, 82*(1), 33-40. doi: 10.1037/0022-0663.82.1.33

Riding, R. J., & Cheema, I. (1991). Cognitive styles - An overview and integration. *Educational Psychology, 11*(3-4), 193-215. doi: 10.1080/0144341910110301

Riding, R. J., & Watts, M. (1997). The effect of cognitive style on the preferred format of instructional material. *Educational Psychology, 17* (1-2), 179-183. doi: 10.1080/0144341970170113

Rittschof, K. A. (2010). Field dependence-independence as visuospatial and executive functioning in working memory: Implications for instructional systems design and research. *Educational Technology Research & Development, 58*(1), 99-114. doi: 10.1007/s11423-008-9093-6

Rowsell, J. (2014). Toward a phenomenology of contemporary reading. *Australian journal of language and literacy, 37*(2), 117-127.

Schnotz, W., & Bannert, M. (2003). Construction and interference in learning from multiple representation. *Learning and Instruction, 13*(2), 141-156. doi: 10.1016/S0959-4752(02)00017-8

Schuyten, G., & Dekeyser, H. M. (2007). Preference for textual information and acting on support devices in multiple representations in a computer based learning environment for statistics. *Computers in Human Behavior, 23*(5), 2285-2301. doi: 10.1016/j.chb.2006.03.009

Shearer, C. B. (1996). *The MIDAS: A professional manual.* Kent, OH: MI Research & Consulting.

Shearer, C. B. (1998). *Stepping stones: A teacher's workbook for the multiple intelligences.* Kent, OH: MI Research & Consulting.

Shearer, C. B. (1999). *The MIDAS challenge: A guide to career success.* Kent, OH: MI Research & Consulting.

Shearer, C. B. (2005). *The Existential intelligence and its measures.* Unpublished manuscript.

Spearman, C. (1904). General intelligence, objectively determined and measured. *The American Journal of Psychology 15*(2), 201-292. doi: 10.2307/1412107

Sternberg, R. J .(1985). *Beyond IQ: A triarchic theory of human intelligence.* New York, NY: Cambridge University Press.

Sternberg, R. J .(1988). *The triarchic mind. A new theory of human intelligence.* New York, NY: Viking.

Sternberg, R. J. (1996a). *Cognitive psychology.* New York, NY: Harcourt Brace College Publishers.

Sternberg, R. J. (1996b). *Successful Intelligence: How practical and creative intelligence determine success in life.* New York, NY: Simon & Schuster.

Sternberg, R. J. (1998). A balance theory of wisdom. *Review of General Psychology, 2(4)*, 347-365. doi: 10.1037/1089-2680.2.4.347

Sternberg, R. J., & Grigorenko, E. L. (2001). A capsule history of theory and research on styles. In R. J. Sternberg & L.-F. Zhang (Eds.), *Perspectives on Thinking, Learning, and Cognitive Styles* (pp.1-21). Mahwah, NJ: Lawrence Erlbaum Associates, Inc., Publishers.

Sternberg, R. J., & Wagner, R. K. (Eds.). (1986). *Practical intelligence: Nature and origins of competence in the everyday world* (pp. 13-30). Cambridge, England: Cambridge University Press.

Sweller, J. (2004). Instructional design consequences of an analogy between evolution by natural selection and human cognitive architecture. *Instructional Science, 32*(1-2), 9-31.

doi: 10.1023/ B:TRUC.0000021808.72598.4d

Sweller, J. (2010). Element interactivity and intrinsic, extraneous, and germane cognitive load. *Educational Psychology Review, 22*(2), 123-138. doi: 10.1007/s10648-010-9128-5

Wang, T. H. (2007). What strategies are effective for formative assessment in an e-learning environment? *Journal of Computer Assisted Learning, 23*(3), 171-186. doi: 10.1111/j.13652729.2006.00211.x

作者簡介

錢昭萍 1*，嶺東科技大學通識教育中心，講師（實驗設計、籌備、執行＆論文寫作、製表、版面設計、校稿、改稿、聯絡）

Chao-Ping Chien is a Lecturer of General Education Center, Ling Tung University, Taichung, Taiwan. (Corresponding Author)

梁麗珍 2，嶺東科技大學財政系，副教授（數據統計）

Li-Jeng Liang is an Associate Professor of Department of Public Finance, Ling Tung University, Taichung, Taiwan.

（本章刊登於人文社會學報第 13 卷第 4 期_2017 年 12 月，ISSN：1819-7205）